W0068879

WENSLEY CLARKSON

FRAUEN, DIE TÖTEN

Zehn spektakuläre Mordfälle, die von Frauen
begangen wurden

Aus dem Englischen
von Beate Gorman

Deutsche Erstausgabe

WILHELM HEYNE VERLAG
MÜNCHEN

HEYNE ALLGEMEINE REIHE
Nr. 01/8567

Titel der Originalausgabe
LIKE A WOMEN SCORNED

Redaktion: Werner Heilmann

Copyright © 1992 by Wensley Clarkson
Copyright © der deutschen Ausgabe 1993
by Wilhelm Heyne Verlag GmbH & Co. KG, München
Printed in Germany 1994
Umschlaggestaltung: Atelier Ingrid Schütz, München
Gesamtherstellung: Elsnerdruck, Berlin

ISBN: 3-453-07180-8

Für Toby – weil er seine Hausaufgaben gemacht hat

Inhalt

Vorwort

In diesem Buch habe ich versucht, die innersten Gefühle der Menschen, die in die hier beschriebenen schrecklichen Verbrechen verwickelt waren, zu schildern. Dabei ging es mir darum, tiefe und vielleicht einzigartige Einsichten in diese Tötungsdelikte zu gewähren.

Bei meinen Nachforschungen habe ich unzählige Menschen befragt, aber es waren die Familien und Freunde der Angeklagten, die mir dazu verhalfen, wirklich in die Köpfe und Seelen der Täter einzudringen und so die Motive für ihre Taten zu erforschen.

Die realen Einzelheiten der beschriebenen Verbrechen mögen für zartbesaitete Leser zu brutal sein, und daher möchte ich hier eine Warnung aussprechen: Ich habe nicht davor zurückgescheut, alles bis ins kleinste Detail zu beschreiben, egal, wie bestürzend es auch war.

Meine Absicht ist es also, zu informieren und zu provozieren, und zwar in der Hoffnung, daß Sie beim nächsten Mal, wenn ein solches Verbrechen geschieht, in der Lage sein werden, die zugrunde liegenden Motive zu verstehen, mögen sie auch noch so schockierend sein. Meine dramatische Darstellung der Ereignisse wird einige Leser zweifellos dazu veranlassen, Unstimmigkeiten zwischen meiner Version und anderen Berichten zu entdecken. Tatsächlich habe ich versucht, nur Informationen zu verwenden, die meiner Meinung nach völlig eindeutig waren. Falls ich mich trotzdem einmal geirrt haben sollte, so geschah dies in gutem Glauben. Abgesehen davon mußte ich aus dramaturgischen Gründen einige sachlich begründete Folgerungen treffen, aber die geschilderten Fakten entsprechen der Realität.

Eine kostenlose Reise zum lieben Gott

Eine merkwürdige Stille umgab die Krankenhausanlage von Lainz. Fast hatte man das Gefühl, es wehe kein Lufthauch – nichts bewegte sich. Kein Wind rauschte in den Bäumen, und niemand spazierte durch den Park. Die graue, abbrökkelnde Fassade des Hauptgebäudes bildete einen starken Kontrast zu den hübsch blühenden Apfelbäumen in der weitläufigen Parkanlage, die das Krankenhaus umgab.

Riesige Farngewächse warfen große Schatten auf die Grundmauern des reichverzierten, 150 Jahre alten Landhauses, das vor langer Zeit in eine Pflegestätte für Kranke und alte Menschen umgewandelt worden war. Von außen betrachtet gab es kaum ein Anzeichen von Leben – nur Stille und Erwartung.

Die großflächigen gotischen Fenster erschienen von außen fast schwarz, und das fünfstöckige Gebäude wirkte viel höher, als es in Wirklichkeit war. Fast machte es den Eindruck, als sei es zehn oder fünfzehn Stockwerke hoch; zumindest kam es den Besuchern so vor.

Oben an der Vorderfront befanden sich Wasserspeier – sechs Fratzen, die auf alle Besucher hinabstarrten. Ein Stück des Mauerwerks gleich neben ihnen war vor einiger Zeit herabgestürzt und vor einer Gruppe älterer Patienten aufgeschlagen. Vielleicht war es für sie an der Zeit, aus dem Leben zu scheiden?

Das Haus übte auf alle, die zufällig vorbeikamen, einen merkwürdigen Einfluß aus. Die ungeheuere Größe des langgezogenen Gebäudes, die moosbewachsenen Statuen, die fast jede Ecke schmückten, das einst helle Mauerwerk, das durch eineinhalb Jahrhunderte Ruß dunkel geworden war – das alles zusammen machte einen finsteren Eindruck. An einer Seite klammerten sich Efeuranken verzweifelt an den staubigen Mörtel.

Wenn das Lainzer Hospital ordentlich instandgehalten

worden wäre, hätte man den einstigen Glanz sicherlich bewahren können. Es wies all die klassischen Zutaten für ein Gebäude von großem historischem Wert auf, aber die Leute hielten sich absichtlich fern. Ein Haus voller sterbender und alter Menschen taugte nicht unbedingt als Touristenattraktion. Irgend etwas an diesem Gebäude schürte das Mißtrauen der Einheimischen; ständig war es von einer Aura des Todes umgeben. Dort lebten arme Seelen, die krank und hoffnungslos dahinsiechten.

Vorbeifahrende blickten kurz zu dem Gebäude hinüber – aber nur für einen Augenblick; vielleicht schien es ihnen sicherer, das Haus nicht zu lange anzustarren. Dennoch kannten die Wiener das Lainzer Hospital gut – schließlich machte es in den Nachrichten und Zeitungen immer wieder einmal Schlagzeilen. Aber es war ein Ort, von dem man sich besser fernhielt.

Im Innern des Krankenhauses jedoch herrschte typische österreichische Tüchtigkeit und Ordnung. Die Räume waren hoch, und das Licht konnte in alle Ecken eindringen. Alles war sauber, nur die Wandfarbe hatte sicherlich schon bessere Zeiten gesehen. Die Wände und Korridore glänzten leicht gelblich, und an manchen Stellen waren feuchte Stellen sichtbar; jeder Fleck eine Erinnerung an einen der vielen Patienten, die über die Jahre hinweg gekommen und gegangen waren.

Das Schlimmste jedoch war die Stille.

Natürlich hörte man hin und wieder Geräusche – die Aufzugstür öffnete und schloß sich, Servierwagen wurden über den glänzend polierten Boden geschoben, aber nirgendwo war der Klang menschlicher Stimmen vernehmbar, keine freundlichen Unterhaltungen, kein kindliches Gelächter.

Die Stille war wie eine Schranke, die jedem auffiel, der das Krankenhaus betrat. Als erstes bemerkte man die Leere der Parkanlagen, bevor sich einem das Schweigen im Innern des Gebäudes aufdrängte. Natürlich waren Schwestern, Pfleger oder Pförtner vorhanden, die die Korridore entlangeilten, um ihren nie enden wollenden Arbeiten nachzukommen, aber niemand hielt inne und lächelte oder sagte irgend etwas. Und wo waren die Patienten? Die unheimliche Stille beinhaltete eine irrationale Frage. Wo waren die Patienten?

An einem Februartag im Jahr 1989 wurde das Lainzer Krankenhaus in kalte, trostlose Dunkelheit gehüllt. Das Tagespersonal machte sich in die nahegelegenen Vororte auf den Weg nach Hause und wurde von der Nachtschicht abgelöst, jenen Frauen und Männern, die sich irgendwie an dieses merkwürdige nächtliche Leben gewöhnt hatten. Viele von ihnen ernährten ganze Familien, obwohl sie erst mit der Arbeit begannen, wenn die meisten Menschen zu Bett gingen.

Um Mitternacht war die Ruhe des Tages durch eine noch finsterere Atmosphäre ersetzt worden. Jetzt war das Geräusch der Aufzüge, der Teewagen und des geschäftigen Personals Vergangenheit, aber nichts war an seine Stelle getreten. Hin und wieder nur wurde die Stille durch ein Husten oder Spucken unterbrochen, doch die schalldichten Türen dämpften das Geräusch so, als halte man jemandem mit der Hand den Mund zu. Niemand außer den wenigen Kundigen schien zu wissen, was hier vor sich ging.

Man konnte durch alle Korridore des Krankenhauses streifen, ohne irgend etwas über die Patienten zu erfahren. Genausogut hätten sie tot sein können. Und da achtzig Prozent der Patienten über siebzig Jahre alt war, machte sich wahrscheinlich auch deshalb niemand wirklich Gedanken, ob sie denn noch lebten.

Die meisten Ärzte waren bereits nach Hause gegangen, denn sie arbeiteten genau wie jeder Büroangestellte meistens nur fünf Tage pro Woche. Nur wenige taten am Wochenende Dienst – die Kranken konnten warten. Falls es zu einem Notfall kam, mußte sich einer der Assistenzärzte, auch wenn er vielleicht gerade erst von der Uni kam, um den Patienten kümmern. Ironischerweise wurden die schwersten Fälle von Ärzten mit der geringsten Erfahrung behandelt.

Dieselbe Einstellung war auch unter den Krankenschwestern verbreitet. Immer weniger wollten die schreckliche Nachtschicht übernehmen. Es kam ihnen gelegen, daß sie die Kontrolle über die Stationen den Teams schlecht bezahlter Hilfspfleger und Schwesternhelferinnen überlassen konnten, jenen Männern und Frauen, die den Pflegeberuf ergreifen wollten, aber die nötigen Examen nicht bestanden oder sich der Prüfung nicht gestellt hatten. Natürlich war das nicht in Ordnung, aber es war im Lainzer Hospital eben so üblich und schien niemanden wirklich zu kümmern.

Das Schweigen wuchs.

Allzu gern nur übernahm die Schwesternhelferin Waltraud Wagner zusätzliche Aufgaben. Je weniger herrschsüchtige Schwestern auf ihrer Station Patrouille gingen, um so besser. Die Nachtschicht war schon schlimm genug, aber wenn man ständig einen Hauptfeldwebel hinter sich stehen gehabt hätte, wäre die Arbeit unerträglich geworden.

In gewisser Weise gefiel Waltraud die Nachtschicht sogar. Dort hatte sie viel mehr Macht und Einfluß, als man ihr normalerweise zugestanden hätte, und sie konnte ihre Aufgaben auf ihrer Station – Pavillon 5 – nach eigenem Gutdünken erledigen.

Das Leben bei ihr zu Hause war nicht besonders aufregend. Ihr Mann Willi wollte an den meisten Abenden nur sein Essen und Sex – und zwar in dieser Reihenfolge –, *bevor* sie zur Arbeit ging, aber da war sie meistens nicht in der Stimmung dazu, sie hätte viel eher spät nachts oder in den frühen Morgenstunden Lust gehabt, aber dann stand Willi nie zur Verfügung.

Dennoch verstand Waltraud, daß ihr Mann enttäuscht war. Schließlich war sie seine Ehefrau, und früher einmal war ihr Sexualleben recht gut gewesen. Es war wirklich schwer, Willi die Sache zu erklären. Für ihn war es wie eine Einladung zum Sex, wenn sie ihre Schwesterntracht anlegte, aber meistens war es der falsche Augenblick. Schließlich konnte sie nicht unordentlich und mit zerknautschtem Kittel zum Dienst erscheinen.

Doch mit der Zeit, als Waltraud sich an die Schinderei der Nachtschicht gewöhnt hatte, fand sie andere Möglichkeiten, sich zu befriedigen.

Julia Drapal war früher eine bekannte Ballerina gewesen. In den fünfziger Jahren hatte sie als Mitglied des Königlichen Balletts von Wien immer wieder Vorstellungen gegeben; sogar Könige, Königinnen und Präsidenten hatten sie tanzen gesehen.

In Österreich erlangte sie ähnliche Berühmtheit wie Margot Fonteyn in Großbritannien, und so führte Julia zu ihrer Zeit ein sehr privilegiertes Leben; Limousinen mit Chauffeur hatten sie und ihren Mann überall hingefahren. Sie hatten in den teuersten Restaurants zu Abend gegessen, Weltreisen unternommen und alles in allem viel Schönes erlebt. Im Grunde waren es diese Erinnerungen, die Julia am Leben erhielten.

Ihr zerbrechlicher Körper hatte ihr in den letzten Jahren immer wieder den Dienst versagt, und jetzt lag sie als Patientin im Hospital von Lainz. Sie haßte dieses Krankenhaus, aber sie hatte keine andere Wahl gehabt. Die Ärzte hatten ihrem Mann erklärt, daß sie ein Pflegefall sei und Betreuung rund um die Uhr brauchte. Er konnte diese Aufgabe nicht mehr wahrnehmen, so daß sich andere um seine Frau kümmern mußten.

Aber wie jeder Mensch, der früher einmal die Verehrung von Millionen genossen hatte, war Julia keine einfache Patientin. Sie war daran gewöhnt, daß andere ihr jeden Wunsch von den Lippen ablasen, aber jetzt war sie wie alle anderen Patienten nur eine Nummer. Ihr Haß auf das Krankenhaus und alles, was es repräsentierte, zeigte sich in ihrer Einstellung gegenüber dem Personal. Sie war eine streitsüchtige alte Frau, die die Schwestern oft beschimpfte oder mit ihren Launen reizte.

Bisweilen stieß sie die Schwestern weg, wenn die sich um sie kümmern wollten. Bei anderen Gelegenheiten versuchte sie, ihnen ihre Stellung klarzumachen, indem sie das Personal als »gemeines Volk« bezeichnete.

Julia war nicht gerade eine beliebte Patientin in Pavillon 5.

»Zeit für die Mundspülung.«

Keiner der alten Patienten hatte die Energie, sich zu widersetzen, wenn Waltraud Wagner einen Befehl erteilte. Einige der alten Männer mochten ihre beherrschende, eigensinnige Art sogar, denn mit ihren großen runden Augen wirkte sie auf manche Patienten recht reizvoll. Ihre Tracht schien immer genau an den richtigen Stellen eng an ihrem Körper anzuliegen und diese schwarzen Dienststrümpfe – nicht schlecht …

Aber nur wenige dieser alten Männer wagten es, ihr das direkt ins Gesicht zu sagen, was sie jedoch nicht daran hinderte, sich vorzustellen, was Waltraud tun würde, falls sie ihnen je auf die Schliche käme.

Waltraud wußte nur zu gut, daß einige Männer in Pavillon 5 sich schmutzige Gedanken machten, aber das störte sie nicht weiter. Im Grunde fand sie es sogar recht schmeichelhaft. Bisweilen wurde sie jedoch wütend, wenn die Patienten versuchten, sie zu belästigen.

Einmal hatte der Patient in Bett Nummer 12 darüber geklagt, daß er Schwierigkeiten beim Wasserlassen habe. Als Waltraud an sein Bett trat, bestand er darauf, daß sie seinen Penis hielt, während er versuchte zu urinieren. Für kurze Zeit kam Waltraud seinem Wunsch nach, bis sie merkte, was der schmutzige alte Mann wirklich im Sinn hatte. Einige andere Schwesternhelferinnen dagegen redeten offen darüber, die Patienten zu verführen.

»Ich würde einen von den alten Knaben heiraten, falls er mir versprechen sollte, all sein Geld an mich zu vererben«, bemerkte eine Kollegin.

Waltraud war entsetzt.

»O nein, ich könnte es nie mit einem alten Mann treiben. Mir ist es egal, was sie über mich denken, aber die Vorstellung, daß sie mich anfassen … iih. Wenn sie noch keine Fünfzig wären, wäre das eine andere Sache …«

Waltraud lebte nach ihren eigenen merkwürdigen Normen, die genauso unbeständig waren wie die aller anderen Menschen.

»Komm schon, Julia. Es ist Zeit für die Mundspülung.«

Endlich würde sie zur Sache kommen. Julia Drapal war eine schrecklich nervtötende Patientin. Vor ein paar Tagen hatte die alte Schachtel Waltraud eine »gemeine Nutte« geschimpft, als sie versucht hatte, die Bettwäsche zu wechseln.

In diesem Augenblick hatte sie beschlossen, daß Julia auf jeden Fall reif für die Mundspülung war, aber sie brauchte eine Kollegin, die ihr bei der »Behandlung« half.

Irene Leidolf arbeitete eng mit Waltraud zusammen, weil die beiden zu den jüngsten Schwesternhelferinnen in Pavillon 5 zählten. Mit ihren siebenundzwanzig Jahren war Irene im Vergleich zu den vielen anderen, eher stämmigen Schwesternhelferinnen, die bereits Ende Vierzig oder über fünfzig Jahre alt waren, ebenfalls ein recht attraktiver Anblick, aber sie war viel zurückhaltender als Waltraud. Nur selten beteiligte sie sich an dem Klatsch, der oft auf der Station die Runde machte. Dennoch mochte Waltraud ihre Kollegin, weil sie tat, was man ihr auftrug, ohne die Anordnungen in Frage zu stellen.

»Komm schon, Irene. Hilf mir bei der Mundspülung.«

Es war bereits Mitternacht, aber viele der alten Patienten waren noch wach. Sie beobachteten, wie die beiden kräftigen Schwestern an Julias Bett traten.

Es war kein angenehmer Anblick.

Diese zerbrechlichen und verwelkten alten Leute sollten Zeuge dessen werden, was sie selbst am meisten fürchteten – die schreckliche Mundspülung. Niemand wußte, warum sie angewandt wurde, aber allen war klar, daß das Leben des Betroffenen dann abrupt ein Ende nahm.

Waltraud setzte einen verschmutzten, mit Wasser gefüllten Plastikbecher an Julias Lippen, aber die alte Frau weigerte sich, den Mund zu öffnen.

»Komm schon, Julia. Zeit für die Mundspülung. Du weißt doch, daß du deine Mundspülung brauchst. Also mach schon. Mach den Mund auf.«

Aber Julia ließ sich diese Behandlung nicht gefallen. Sie hatte in den vorhergehenden Monaten genug leere Betten gesehen, und sie wehrte sich mit aller Kraft.

»Also dann. Halt sie fest!« schnauzte Waltraud ihre jüngere Kollegin Irene an. »Mach schon. Wir müssen das erledigen.«

Von den Patienten sprach sie immer so, als handle es sich nicht um Menschen, sondern um Kühe, die ihr Brandzeichen erhalten mußten. Erbost hielt Waltraud Julias Nase mit Daumen und Zeigefinger zu.

Plötzlich wurde das Gesicht der alten Dame von Schrecken überzogen. Die eingefallenen Wangen und der faltige Hals schienen vor Angst ganz steif zu werden, und ihre Augen waren jetzt vor Entsetzen weit geöffnet. Verzweifelt blickte sie sich nach einem Menschen um, der ihr helfen könnte. Sie versuchte, die Arme zu heben, um die Schwestern abzuwehren, aber Irene hielt ihre Handgelenke fest umklammert.

»Also, Julia, jetzt wirst du deine Mundspülung bekommen.«

Nichts in Waltrauds Stimme ließ irgendeinen Zweifel daran aufkommen. Sie wußte genau, was sie tat, und das machte das Ganze für das Opfer nur noch schrecklicher.

Als das Wasser Julias Kehle hinabfloß, versuchte sie, es wieder auszuhusten. Für den Bruchteil einer Sekunde gelang es ihr, das Wasser aufzuhalten, aber die Anstrengung war zuviel für sie, und der Luftstoß aus ihren Lungen konnte die Flüssigkeit, die sich jetzt in Schlund und Bronchialtrackt ergoß, nicht stoppen.

Julia vergaß, mit ihren Augen Waltrauds Blick zu fangen und sie stumm anzuflehen, doch aufzuhören, aber Waltrauds Gesicht war völlig ausdruckslos. Sie starrte auf die Wand hinter dem Bett; bei ihrem schrecklichen Treiben wollte sie nicht durch irgendwelche Gefühle gestört werden.

Ein leichtes Gurgeln war das einzige Geräusch, das zu hören war, wenn Waltraud ihrer Patientin zu schnell zu viel Wasser einflößte. Dann goß sie etwas langsamer, denn es war sehr wichtig, daß die Lungen bis zum Zerbersten gefüllt wurden. Jetzt würde es nicht mehr lange dauern.

Irene Leidolf hielt die zerbrechliche alte Dame fest, ohne weiter darüber nachzudenken, was sie eigentlich tat. Sie mußte ihre Familie ernähren, und sie würde ihren Job nicht aufs Spiel setzen, indem sie sich weigerte, Waltraud zu helfen. Außerdem war Julias Zeit gekommen. So einfach war das. Irenes Einstellung unterschied sich in nichts von der Denkweise der Wärter in Auschwitz. Auch ihr war es zur zweiten Natur geworden, Anordnungen zu befolgen. Warum sollte man Befehle in Frage stellen und alles über den Haufen werfen? Das Leben mußte weitergehen ... zumindest für einige.

Waltraud hatte jetzt den ganzen Inhalt des Wasserbechers in Julias Kehle entleert und lockerte ihren Griff an der kleinen, schlaffen Nase.

»Also, das war doch gar nicht so schlimm, oder?«

Wenn Julia genug Energie geblieben wäre, etwas zu sagen, hätte sie Waltraud tausendmal verflucht und ihr den Tod gewünscht – aber sie wußte, daß sie selbst bald sterben würde.

Als Waltraud wieder zurück an ihren Schreibtisch ging, sagte sie zu Irene: »Noch eine, die eine kostenlose Reise zum lieben Gott bekommen hat.«

Während sie hustete und spuckte, spürte Julia, wie es um sie herum dunkel wurde. Der Schmerz in ihren Lungen war so stark, als habe jemand eine Eisenstange der Länge nach in ihren Brustkorb hineingezwängt. Ihre Arme wurden zwar nicht mehr festgehalten, aber sie hingen schlaff herab, weil in ihnen keine Kraft mehr war. Ihr Kopf fiel zur Seite, und sie starrte auf den Korridor hinaus, wo Waltraud und Irene saßen. Die beiden schienen sich über irgendetwas zu amüsieren. Vielleicht redeten sie über sie? Der Gedanke, daß sie wahrscheinlich nie mehr in der Lage sein würde, dies herauszufinden, durchzuckte sie.

Der Schmerz in den Lungen, der sich jetzt zu einem Stechen verstärkte, wuchs ins Unerträgliche. Sie konnte kaum noch Luft holen, und die Atmung wurde unnatürlich schwer. Schließlich wünschte sie sich nur noch, daß die Qualen ein Ende haben würden.

Während die letzten Minuten ihres Lebens zerrannen, ließ der Wille zu kämpfen und zu überleben nach. Julia hatte ihren letzten Kampf verloren; nur in Gedanken verfluchte sie noch ihre Pflegerinnen.

»Es ist eine der Patientinnen. Ich glaube, sie ist tot.«

Inzwischen waren einige Stunden vergangen, seit Waltraud die Mundspülung durchgeführt hatte, und erst jetzt berichtete sie dem diensthabenden Arzt, daß seine Hilfe gebraucht wurde.

»Ich komme in etwa dreißig Minuten. Es hat ja doch keinen Zweck, sich zu beeilen.«

Einen Patienten für tot zu erklären wurde in dem Lainzer Hospital nicht gerade als Notfall betrachtet. Außerdem war Wasser in der Lunge häufig eine mitwirkende Ursache bei Todesfällen unter älteren Menschen. Der Arzt würde nicht einmal die Stirn runzeln, wenn er die Flüssigkeit entdeckte. Soviel wußte Waltraud, denn sie hatte nicht zum ersten Mal einen Patienten umgebracht.

Gleichgültig zog Waltraud die Vorhänge um Julias Bett herum zu. Ironischerweise war es genau diese Handlung, die den anderen klarmachte, daß sie eine weitere Mitpatientin verloren hatten. Wieder war ein verzweifelt gesuchtes Bett für einen hoffnungslosen Fall frei, denn die meisten Patienten, die in Pavillon 5 eingeliefert wurden, hatten nur geringe oder gar keine Aussichten zu überleben. Dafür würden Waltraud Wagner und ihre Kolleginnen schon sorgen.

Ein Aspekt dieses tödlichen Szenarios beunruhigte Waltraud. Warum machte ihr das Ganze so viel Spaß? Jedesmal, wenn sie das Leben eines weiteren Patienten auslöschte, überkam sie eine Welle der Befriedigung, ein Gefühl, das sie ungeheuer stolz machte. Hatte es möglicherweise etwas mit der Macht zu tun, die sie ausübte? Oder fühlte sie sich vielleicht wie ein echter Gnadenengel, wenn sie all diesen trostlosen und verbrauchten Leben ein Ende setzte?

Noch für Stunden nach einem Mord begleitete sie ein angenehmes Gefühl. Wenn sie morgens um sechs Uhr in ihrer Wohnung eintraf, fühlte sie sich durch die schreckliche Tat, die sie kurz zuvor begangen hatte, noch immer in Hochstimmung.

»Wie war die Arbeit, Schatz?« fragte ihr Mann harmlos und schläfrig.

»Ach, ganz gut«, antwortete Waltraud dann, denn schließlich konnte sie die nächtliche Arbeit als Schwesternhelferin ihrem Mann gegenüber nicht als »wunderbar« schildern, aber genau dieses Gefühl empfand sie dabei. Es war wie ein Glanz, der ihre Seele erleuchtete.

In Augenblicken wie diesen schenkte sie ihrem Mann den Sex, nach dem er sich an den meisten vorhergehenden Abenden vergeblich gesehnt hatte. Oft zog Waltraud dabei nicht einmal ihre Tracht aus, denn sie wußte, daß es ihm so gefiel.

Wenn sie vorn die Knöpfe ihres Kittels öffnete und ihre Brüste entblößte, wußte er schon, was sie wollte.

»Es ist furchtbar einfach, und niemand wird je erfahren, daß wir es waren.«

Waltraud Wagner genoß mit ihren Mitverschwörerinnen Irene Leidolf, Maria Gruber und Stephanie Mayen einen der seltenen gemeinsamen Abende in einem Wiener Bierkeller.

Die vier Frauen waren der Meinung, daß sie sich etwas Abwechslung verdient hatten – schließlich hatten sie es während der letzten fünf Jahre geschafft, fast fünfzig Patienten umzubringen. Tatsächlich hatten sie bereits vor langer Zeit aufgehört zu zählen. Die Zahl war angestiegen, nachdem Waltraud sich die Sache mit der Mundspülung ausgedacht hatte, denn diese Behandlung war viel einfacher als die Injektion einer Überdosis Insulin.

Stephanie war sehr viel älter als die anderen drei und schien mit ihrer stämmigen Statur noch besser als ihre jüngeren Kolleginnen in die Rolle der grausam mordenden Schwesternhelferin zu passen.

Ironischerweise war sie jedoch ein eher zögerliches Mitglied dieser selbsternannten Schar von Todesengeln.

Maria wiederum, eine füllige Frau Anfang Fünfzig, war zuerst bestürzt gewesen, als sie merkte, was vor sich ging. Aber schließlich gelang es Waltraud, sie davon zu überzeugen, daß sie diesen alten, gebrechlichen Patienten im Grunde einen Gefallen erwiesen.

»Außerdem sind einige von ihnen so widerwärtig, daß sie es nicht besser verdienen.«

Dies waren die kalten Worte der Anführerin, aber im Grunde wollten sich die anderen Frauen deshalb gar nicht mit ihr streiten; sie alle waren an diesen Verbrechen beteiligt.

Die vier Frauen genossen ihren freien Abend in dem gut besuchten Bierkeller. Heute würden keine dumpfen Schreie in der Nacht sie stören, es würde keine alten Männer geben, die das Bett näßten, keinen Altersschwachsinn. Endlich konnten sie einmal außerhalb des Krankenhauses gemeinsam ihre Freizeit genießen.

Provozierend erwiderten Irene und Waltraud die Blicke von zwei Geschäftsleuten am anderen Ende des Bierkellers. Die Frauen wollten ihren Spaß haben, nachdem sie viele Monate auf dem Schlachtfeld des Lainzer Hospitals geschuftet hatten.

Bier und Wein flossen reichlich, und auch die Gespräche an diesem Abend waren unbeschwert. Wie immer war es Waltraud, die Hof hielt. Ständig wollte sie im Mittelpunkt stehen. Im Krankenhaus genoß sie die Angst, die sie den furchtsameren Patienten einflößte. Die Macht, die sie auf sie ausübte, bereitete ihr großes Vergnügen. Sie konnte über Leben und Tod entscheiden, und das war ein unbeschreibliches Gefühl.

Genauso verhielt es sich in dem Bierkeller. Sie war es, die das Wort führte und die es genoß, in die aufmerksamen Gesichter der anderen zu schauen, die jedes ihrer Worte begierig aufnahmen. Sie wußte, daß sie alle in ihren Bann ziehen konnte.

Um festzustellen, wie treu ergeben ihr die anderen tatsächlich waren, beschloß sie, ihre Kolleginnen einer kleinen Prüfung zu unterziehen.

»Ihr redet nie viel über das, was wir tun. Warum nicht? Seid ihr nicht stolz darauf, daß wir diese schrecklich kranken, alten Menschen von ihrem Leid erlösen?«

Die anderen Frauen antworteten nicht, denn sie wußten nicht, wie sie reagieren sollten. Zu töten war eine Sache, aber sich die Sache einzugestehen, indem man offen darüber redete, schien ihnen zuviel verlangt.

Noch immer saßen sie schweigend da. Für einen Augenblick kehrte dieselbe unheimliche Stille, die in den Korridoren des Krankenhauses herrschte, bei ihnen ein. Es war ein vielsagendes Schweigen, denn es zeigte, wie wenig diese Frauen ihren Tötungsinstinkt in Frage stellten. Sie hatten das Leben unzähliger Patienten ausgelöscht, und dennoch konnten sie es nicht ertragen, darüber nachzudenken. Waltraud war entsetzt.

»Los, kommt schon. Wie denkt ihr wirklich über das, was wir getan haben? Erzählt es mir.«

Wieder keine Reaktion. Offensichtlich wußten sie wirklich nicht, was sie sagen sollten. Man hatte sie mit den Tatsache konfrontiert, aber sie wagten es nicht, darüber zu reden – der Gedanke an die Taten schien viel schlimmer als die Ausführung der Morde selbst.

»Laß uns von etwas anderem reden.« Endlich reagierte Stephanie. Sie hatte zwar dabei geholfen, eine Menge unschuldiger Menschen zu töten, aber sie hielt dies nicht für das passende Gesprächsthema an einem freien Abend.

»Aber wir haben doch all diese Menschen umgebracht. Ihr müßt doch etwas dabei empfinden. Genießt ihr nicht die Macht, die wir haben? Den Einfluß?«

Es war an der Zeit, das Thema zu wechseln, denn Waltraud hatte gerade festgestellt, daß ihre Mitverschwörerinnen nichts weiter als Schafe waren – Nazi-Schergen, die ihre Pflicht taten. Sie hatten eben keine Gefühle.

Doch ein Gast am Nachbartisch hatte jedes einzelne Wort ihres Gesprächs mitangehört – und er würde versuchen, diesem mörderischen Treiben ein Ende zu setzen.

Dr. Franz Pesendorfer war entsetzt über das, was ihm da zu Ohren gekommen war. Die vier Schwesternhelferinnen hatten gerade über den größten Massenmord in der europäischen Nachkriegsgeschichte gesprochen, und der Arzt begab sich schnurstracks zur Polizei.

Waltraud war ein wenig überrascht über die Veränderungen, die in der letzten Zeit in Pavillon 5 stattgefunden hatten. Einige der neuen Patienten schienen recht jung – gerade über Sechzig, und ein Neuzugang war erst Mitte Fünfzig. Schließlich arbeitete sie doch in der Altenpflege.

Sie spürte, daß irgend etwas nicht in Ordnung war, aber sie konnte sich nicht recht erklären, um was genau es sich dabei handelte. Ihr Instinkt sagte ihr, daß Vorsicht geboten war, und sie beschloß, das Morden für einige Zeit einzustellen. Schließlich verdiente sie ja kein Geld mit der Tötung unschuldiger Menschen.

Es ging allein darum, einige Patienten von ihrer Qual zu erlösen und andere, die sie durch ihr lästiges Verhalten verärgert hatten, loszuwerden. Das war kaltblütiger Mord, denn sie hatte neben dem inneren Machtgefühl, das mit jedem Mord wuchs, kein echtes Motiv. Waltraud beschloß, etwas zurückhaltender zu sein – für den Fall, daß jemand sie verraten hatte.

Der »jüngere« Patient war in der Tat sehr unglücklich im Lainzer Hospital und haßte jede Sekunde seines Aufenthalts in der übelriechenden, muffigen Station in Pavillon 5. Das gesamte Personal mochte ihn nicht, aber auch er verachtete die Schwestern und Pfleger. Wenn er ein wenig älter und Waltraud nicht auf der Hut gewesen wäre, hätte sie ihn sicherlich als Kandidaten für die Mundspülung auserkoren.

In Wirklichkeit handelte es sich um einen sehr unglücklichen Polizisten, der auf der Station eingeschleust worden war, nachdem Dr. Pesendorfer der Wiener Kriminalpolizei nach jenem Abend im Bierkeller einen Tip gegeben hatte.

Zuerst hatten die Beamten die Befürchtungen des Arztes belächelt, aber die Mitarbeiter der Krankenhausverwaltung hatten Freunde an höherer Stelle, so daß man gezwungen war, zu reagieren.

»Alte Menschen sterben eben.«

Der Kripobeamte, der sich ursprünglich mit dem Fall befaßt hatte, sah die Sache recht zynisch. Er konnte es einfach nicht glauben, daß ein paar Schwesternhelferinnen so viele Menschen kaltblütig ermordet hatten.

»Wie können wir es beweisen?«

Es gab nur eine Möglichkeit – die Täterinnen mußten auf frischer Tat ertappt werden.

Aber Waltraud war auf der Hut. Wie alle gewieften Verbrecher wußte sie, daß irgend etwas im Pavillon 5 nicht in Ordnung war; also würde sie vorerst kein Risiko eingehen.

Unterdessen fühlte sich der verdeckte Ermittler immer unbehaglicher. Auf einer Station inmitten von Dutzenden hustender, furzender, schnarchender, stöhnender alter Menschen zu schlafen war nicht gerade das, was er sich unter einem lohnenden Auftrag vorstellte.

Es überraschte daher kaum, daß die Wiener Kriminalpolizei ihn nach sechs Wochen wieder abberief, als man auch nicht den geringsten Hinweis auf ein Verbrechen erhalten hatte. Der gute Dr. Pesendorfer war niedergeschmettert, als die Polizei sich zurückzog.

»Aber damit machen Sie es ihnen möglich, ihr Treiben einfach fortzusetzen.«

Der Beamte zeigte zwar Mitgefühl mit der mißlichen Lage des Arztes, aber offensichtlich trieben in dem Krankenhaus keine Verbrecher, denen das Handwerk gelegt werden mußte, ihr Unwesen.

Waltraud hatte es geahnt. Sie hatte immer den Verdacht gehegt, daß es mit diesem Patienten etwas Merkwürdiges auf sich hatte, und als sich im Krankenhaus die Nachricht verbreitete, daß ein Undercover-Agent als Patient in Pavillon 5 gelegen hatte, war sie nicht weiter überrascht.

Doch jetzt hatte er den Schwanz eingezogen und war wieder verschwunden. Und trotz seines Aufenthalts auf dieser deprimierenden Station war er keinen Deut klüger geworden.

Es war an der Zeit, wieder mit dem Morden zu beginnen. Sie verspürte diesen inneren Drang, und sie hatte die nächsten Opfer bereits ausgewählt – diejenigen, die sie verärgert und beschimpft hatten, und auch die bemitleidenswerten, die sowieso bald sterben würden. Niemanden kümmerte, was die schlecht ausgebildeten Schwesternhelferinnen taten. Man war an einem Punkt angelangt, wo keiner ihr Recht, Medikamente zu verabreichen und andere Behandlungen vorzunehmen, in Frage stellte. Genau das war der Grund, warum Waltraud und ihre Freundinnen so lange nicht aufgefallen waren.

Während Waltraud mit ihrem Daumen auf die Spritze drückte, beobachtete sie, wie die Überdosis Insulin in die kranke Vene einer Patientin strömte. Die alte Frau hatte um ein Schmerzmittel gebeten, und warum sollte Waltraud ihr nicht das absolute Heilmittel zukommen lassen – den Tod?

Die Sache mit der Mundspülung war ihr etwas langweilig geworden. Außerdem würde ein Spion (falls sich noch einer auf der Station aufhielt) es viel eher merken, wenn zwei Schwestern einen Patienten festhielten, als wenn eine Spritze verabreicht wurde.

»Schwester, Schwester, hat diese Patientin in den letzten drei Stunden Insulin erhalten?«

Waltraud schaute dem jungen Arzt direkt in die Augen, ohne mit der Wimper zu zucken.

»Nein, Doktor. Überhaupt nichts.«

Sie betrachtete den Mediziner etwas eingehender. Ein recht gutaussehender Mann, dachte sie bei sich. Das Wohlergehen der Patienten stand bei ihr immer an letzter Stelle, dafür ließ sie ihren Geist lieber in einer Welt sexueller Phantasien umherwandern, was viel weniger deprimierend war. Die alte Frau, der sie vor etwa einer Stunde die Überdosis Insulin verabreicht hatte, würde bald sterben – und Waltraud wußte dies nur allzu gut.

Aber dummerweise stellte dieser junge Arzt unangenehme Fragen. Wie ärgerlich, dachte Waltraud Wagner. Warum ließ er die Alte nicht einfach sterben? Diese Lösung schien das einzig Vernünftige.

Auf jeden Fall müßte sie in ein paar Minuten tot sein – und niemand würde etwas merken. Erneut war Waltrauds Mordlust wieder richtig erwacht; nach diesen kurzen, aufgezwungenen Unterbrechung hatte sie den Geschmack am Töten wiedergefunden. Es war ein gutes Gefühl, und sie würde versuchen, die Rate zu steigern, denn sie schien immer häufiger diesen Gefühlskick zu brauchen.

Aber der junge Arzt hatte im Hinblick auf Waltraud Verdacht geschöpft. Der Tod der alten Frau ließ ihm keine Ruhe, denn er vermutete, daß man ihr eine Überdosis Insulin verabreicht hatte.

Waltraud dagegen hielt ihn nur für einen übereifrigen Mediziner, der seine eigene Unzulänglichkeit vertuschen wollte.

»Sie wissen Bescheid. Sie sind uns auf der Spur.«

Waltraud ignorierte die Alarmglocken, die in den Stimmen ihrer Kolleginnen schrillten, als diese sie ein paar Stunden später zur Rede stellten.

»Macht euch keine Sorgen. Der Doktor hat nur Angst davor, daß man ihn beschuldigen könnte, sich nicht richtig um die Patientin gekümmert zu haben.«

Obwohl die anderen Frauen nicht davon überzeugt waren, blieb ihnen keine andere Wahl, als zu akzeptieren, was Waltraud gesagt hatte. Sie allein hielt den Schlüssel zu ihrem Schicksal in Händen.

Unterdessen hatte der gute Dr. Pesendorfer sich erneut eingemischt, denn er hatte seinen ursprünglichen Verdacht gegen die Frauen nie aufgegeben. Jetzt hoffte er, daß dieser neue Fall genau die Beweise liefern könne, auf die er gehofft hatte.

»Ich weiß, daß sie eine Menge Patienten umgebracht haben. Wir dürfen nicht weiter tatenlos zusehen, wir müssen ihnen Einhalt gebieten.«

Es waren dieselben Worte, die er bereits zwei Monate zuvor geäußert hatte, als er zufällig Zeuge des Gesprächs im Bierkeller geworden war. Aber dieses Mal war er sich sicher, daß man die Täterinnen vor Gericht stellen würde. Schon der Gedanke, daß vier Frauen fünfzig, sechzig, wenn nicht sogar Hunderte von Patienten getötet hatten und immer noch im Krankenhaus ihr Unwesen trieben, war ihm unerträglich. Dies war ein Skandal, der unbedingt beendet werden mußte.

Als die Autopsie der alten Frau ergab, daß ihr Körper mit Insulin vollgepumpt worden war, rief man die Polizei erneut ins Lainzer Hospital, und Waltraud Wagner und ihre drei Mittäterinnen wurden verhaftet.

Waltraud Wagner, Irene Leidolf, Stephanie Mayen und Maria Gruber wurden nach ihrer Gerichtsverhandlung im März 1991 in Wien für den Mord und den Mordversuch an zweiundvierzig Patientinnen in Lainz zu Gefängnisstrafen verurteilt.

Waltraud Wagner brach im Gerichtssaal zusammen, als man sie zu lebenslanger Haft verurteilte. Sie hatte zehn Morde gestanden, wurde aber in fünfzehn Fällen wegen Mordes, in siebzehn Fällen wegen versuchten Mords und in zwei Fällen wegen Körperverletzung schuldig gesprochen.

Irene Leidolf erhielt für Mord in fünf Fällen und für zwei Mordversuche ebenfalls eine lebenslange Haftstrafe.

Stephanie Mayen kam für einen Fall von Totschlag und sieben Fälle von versuchtem Mord für zwanzig Jahre hinter Gitter. Sie brach ebenfalls im Gerichtssaal zusammen und mußte auf einer Trage hinausgeschafft werden.

Maria Gruber erhielt für zwei Mordversuche eine Haftstrafe von fünfzehn Jahren.

Während der Verhandlung hatte Waltraud Wagner behauptet, sie habe »die Patienten von ihren Qualen erlöst«.

Der Richter hingegen erklärte: »Diese Patienten mußten etwa eine halbe Stunde lang nach Atem ringen, bevor sie qualvoll starben. Das kann man nicht als Erlösung von Schmerzen bezeichnen.«

Die Verurteilte gab keine Antwort.

Der erste Tag vom Rest meines Lebens

Die beiden schienen ein wirklich glückliches Paar zu sein.

Sie war blond und hatte ein rundliches Gesicht. Ihr langes Haar trug sie aus der Stirn gekämmt, so daß sie eher wie eine Zeitgenossin der wilden sechziger Jahre und nicht wie eine Frau der neunziger Jahre wirkte; auf jeden Fall haftete ihr eine gewisse Attraktivität an. Obwohl erst neunundzwanzig Jahre alt, schien sie zwar bereits ein wenig hausbacken, wie es häufig bei jungen Müttern der Fall ist, aber insgesamt war sie doch recht hübsch.

Er war ein großgewachsener, dunkler Typ mit einem akkurat geschnittenen Schnurrbart. Ein gutgebauter Mann, der im Grunde jünger als fünfunddreißig aussah. Der einzige Hinweis auf seinen Beruf waren seine Hände. Er hatte dicke, kurze Finger mit ungewöhnlich kurzen und stumpfen Nägeln – ein sicheres Anzeichen dafür, daß es sich um einen Arbeiter handelte.

Paul und Pamela Sainsbury fielen im überfüllten *Carina Nightclub* in dem malerischen Seebad Sidmouth in Devon kaum auf. Während unablässig Soulmusik aus den riesigen Lautsprechern, die an allen Wänden hingen, rieselte, erinnerte die Szene fast an einen Viehmarkt. Dies hier war *der* Treffpunkt für alle unter Vierzigjährigen, und jeden Samstagabend schwärmten Männer und Frauen scharenweise in den Nachtclub, um nach Spaß und Aufregung Ausschau zu halten. Viele waren auch auf der Suche nach Sex.

Junge Männer patrouillierten in Gruppen über die Tanzfläche und sahen sich nach geeigneten Mädchen zum Tanzen um. Von den jungen Frauen hatten viele einen eigenen Geheimcode, mit dem sie kundtaten, ob sie frei waren. Wenn sie darauf warteten, aufgefordert zu werden, standen sie in kleinen Gruppen in der Nähe der Tanzfläche herum und nippten an ihrem Rum mit Johannisbeersaft in der

Hoffnung, daß irgendein Ritter sie zum Tanzen abholen und vielleicht sogar zu einem Drink einladen würde.

Andere Gruppen von Frauen, die nur einen gemeinsamen Abend genießen wollten, tanzten manchmal stundenlang und waren ganz zufrieden damit, nicht die Aufmerksamkeit der Männer zu erregen. In der Zwischenzeit stillten die Männer, die auf Raubzug waren, ihren Durst mit Faßbier, das an den meisten Abenden die Grundnahrung von neunzig Prozent aller Besucher in diesem Club war.

Natürlich führte dies dazu, daß sich gegen elf Uhr abends jede Menge Angetrunkener im *Carinas* aufhielten – und dieser Abend machte da keine Ausnahme.

Paul Sainsbury hatte zwar seine hübsche Frau Pam zur Gesellschaft dabei, was ihn jedoch nicht davon abhielt, wie üblich jede Menge zu trinken, denn das war seine Vorstellung von einem netten Abend. Auf jeden Fall war das *Carinas* etwas ganz Besonderes für die beiden – schließlich hatten sie sich hier vor acht Jahren kennengelernt. Für Paul brachte der Club eine Menge schöner Erinnerungen mit sich, weil er hier seinem Glück begegnet war. Wie glücklich konnte er sich schätzen, daß er Pamela, die Mutter seiner beiden Kinder, hier kennengelernt hatte.

Ja, Paul schien wirklich ein schönes Zuhause zu haben, um das ihn viele seiner Freunde beneideten. Als er mit Pam und ein paar guten Freunden an einem Tisch in der Nähe der Tanzfläche saß, hatte er Gelegenheit, über sein glückliches Schicksal nachzudenken, denn viele seiner Freunde mußten noch immer im *Carinas* oder irgendeinem anderen Nachtclub Frauen aufgabeln. Diese Zeiten waren für ihn vorbei – er hatte Pam, und er liebte seine Frau. Sie bedeutete ihm alles, war für ihn die perfekte Ergänzung, verstand seine Schwächen und hegte seine Stärken. Die beiden paßten gut zusammen.

Auch Pam genoß den Abend, denn sie kam nur selten aus dem Haus. Vielleicht sollte ich öfter mal ausgehen, dachte sie jetzt.

Es war schwierig, sich bei der lauten Musik zu unterhalten, daher schauten Pam und Paul sich in dem Club um und beobachtete die anderen Besucher, von denen sie viele kannten, denn schließlich ist Sidmouth nur ein kleiner Ort. Die meisten Menschen kennen einander zumindest vom Sehen, und viele der Männer und Frauen, die sich an diesem Abend im *Carinas* aufhielten, waren zusammen aufgewachsen, hatten dieselben Schulen besucht, hatten zusammen in denselben Kneipen getrunken und gingen oft mit denselben Frauen (oder Männern) aus.

Auf Pam traf das nicht ganz zu, denn sie war nicht in dieser viktorianischen Kleinstadt, die an einer der schönsten Küsten Großbritanniens liegt, geboren worden. Sie hatte Anfang der achtziger Jahre hier Urlaub gemacht, und von dem Augenblick an, wo sie Paul begegnet war, wußte sie, daß sie den Richtigen gefunden hatte – und jetzt war Sidmouth ihre Heimat.

Es hatte jedoch auch seine Vorteile, nicht zu den Einheimischen zu gehören, zumindest erregte das die Neugier der anderen. Pam hatte etwas Geheimnisvolles an sich; sie sprach mit einem viel vornehmeren Akzent als ihr ungehobelter und manchmal recht brutaler Ehemann. Die Nachbarn waren sehr beeindruckt gewesen, als sie hörten, daß Pam ein teures Internat besucht hatte, wo sie sogar zur Vertrauensschülerin gewählt worden war. Aber Paul hatte dafür gesorgt, daß sie all diesen Oberklasse-Blödsinn vergaß. Jetzt war sie seine Frau – und er verschwendete keinen Gedanken an die reiche und exklusive Welt, aus der sie stammte.

Dieses hochgestochene Geschwätz mißfiel ihm sowieso. Einige seiner Freunde waren der Meinung, er habe einen Minderwertigkeitskomplex, aber Paul betonte immer wieder, daß ihm das »Gewäsch reicher Leute« einfach nur auf die Nerven ginge.

Wie jede einigermaßen attraktive Frau genoß es Pam, wenn man ihr schmeichelte und Aufmerksamkeit schenkte. Es war schön, gemocht zu werden, aber leider hatte sie zur Zeit kaum noch Gelegenheit, viele neue Freundschaften zu schließen. Aus diesem Grund war dieser Abend im *Carinas* um so schöner, denn endlich kam sie wieder einmal mit anderen Menschen zusammen.

Speziell für diesen Abend hatte sie ihr weißes Lieblings-kleid gewaschen und gebügelt. Sie hatte nicht oft die Mög-lichkeit, es zu tragen. Während sie langsam an ihrem Saft nippte, merkte sie, daß einige Männer, die an ihrem Tisch vorbeikamen, ihr hin und wieder einen Blick zuwarfen. Zu-erst schaute sie nicht auf, denn es machte sie ein wenig ver-legen, aber es schien eben wirklich viele Männer zu geben, die allein waren.

Paul, der ihr gegenüber saß, betrachtete die anwesenden Frauen genauso, wie die Männer seine Frau musterten. Eini-ge von ihnen sahen wirklich gut aus, dachte er bei sich. Wenn ich doch nur wieder frei wäre ... Besonders mochte Paul die jungen Mädchen Anfang Zwanzig, die am liebsten kurze, enganliegende Röcke und gefährlich hohe Stöckel-schuhe trugen. Ständig schienen diese Frauen sich in der Nähe seines Tisches herumzutreiben. Wo kamen diese tollen Bienen nur alle her?

Ironischerweise bemerkte Paul den Mann, der in der Nähe ihres Tisches zwanglos an einer Säule lehnte, erst dann, als die Zahl dieser jungen, hübschen Mädchen sich verringerte. Er schien zu ihnen hinüberzuschauen, aber Paul war sich nicht ganz sicher.

Für einen Augenblick ignorierte Paul den Mann, aber als er erneut in diese Richtung schaute, war er noch immer da. Wen starrte er denn so an? Paul drehte sich zu seiner Frau um und schaute ihr kurz in die Augen. Sie waren eindeutig auf diesen Mann gerichtet. Was zum Teufel war hier los?

Pam hatte den Mann nur ganz kurz angesehen, nachdem sie gespürt hatte, wie sein Blick auf ihr haftete. Er sah nicht schlecht aus, aber das war unwichtig. Sie fragte sich, ob es sich möglicherweise um einen Freund von Paul handelte, daher war es nur natürlich, daß sie für den Bruchteil einer Sekunde erneut zu ihm hinüberschaute. Und genau in die-sem Augenblick sah Paul, daß sie dem anderen Mann einen Blick zuwarf.

»Warum starrst du diesen Typ an? Kennst du ihn?«

Paul klang erregt, während Pam völlig überrascht war. Sie wußte nicht, was sie sagen sollte.

»Du kennst ihn, nicht wahr?« schrie er.

Paul war überzeugt davon, daß es nur einen Grund gab, warum seine Frau diesen Mann so anstarrte.

»Sei nicht albern. Ich dachte, er sei ein Freund von dir.«

Paul nahm noch einen großen Schluck Bier, bevor er aufstand. Pam beobachtete ihn verwirrt. Nein, sicher würde er das nicht tun – aber tatsächlich. Leicht betrunken wankte er hinüber zu dem Mann.

»He. Warum starrst du meine Frau so an? Schau gefälligst woanders hin.«

Jetzt war Pam schrecklich verlegen. Sie konnte einfach nicht glauben, daß Paul so etwas tat. Der andere Mann sagte nichts und versuchte, Paul auszuweichen, aber der blieb hartnäckig. Pam hatte derartige Szenen schon oft erlebt. Warum nur konnte ihr Mann seine zwanghafte Eifersucht nicht unter Kontrolle halten?

»Los, komm schon. Heraus damit. Wie gut kennst du sie?«

Pams und Pauls Freunde rutschten unruhig auf ihren Stühlen herum. Es war nicht das erste Mal, daß sie Zeugen eines solchen Auftritts wurden, aber niemand stand auf, um einzugreifen. Alle wußten, wie gewalttätig Paul werden konnte, und niemand wollte sich einmischen. Schließlich war es Pam, die irgend etwas unternahm – und sie würde später teuer dafür bezahlen müssen.

»Sei doch nicht albern, Paul. Ich habe ihn noch nie in meinem Leben gesehen.«

»Lügnerin. Verdammte Lügnerin. Ich wette, du hast schon mit ihm gevögelt!«

»Jetzt reicht es, Paul. Komm, laß uns nach Hause gehen. Das ist einfach lächerlich.«

»Komm mir nicht so. Versuch nicht, dich aufzuspielen.«

Als der Fremde auf der überfüllten Tanzfläche verschwand, versuchte Paul, sich aus der Umklammerung seiner Frau zu befreien. Für ihn war der Spaß an diesem Abend noch nicht zu Ende.

Lawrencia »Bambi« Bembenek – verurteilt zu einer lebenslangen Haftstrafe für den Mord an der Ex-Frau ihres Ehemannes.

Die Teufelin von Nancy: Simone Weber

»Du verdammte Nutte. Wie kannst du es wagen ...«

Das Klatschen seiner Faust, mit der Paul ihr Gesicht bearbeitete, war schrecklich. Pam spürte, wie ihre Zähne wackelten, als er zuschlug.

Sie stürzte zu Boden und hielt sich mit der linken Hand verzweifelt das Kinn. Wie betäubt lag sie da und hatte Angst, Luft zu holen oder irgend etwas zu sagen. Aber ihr Mann war noch nicht fertig mit ihr. Sein rechter Nagelschuh stieß geradewegs gegen ihr Schienbein, während sie noch versuchte, sich von den ersten Fausthieben zu erholen. Es krachte so laut, daß sie einen Augenblick lang glaubte, ihr Mann habe ihr das Bein gebrochen.

»Zieh deine verdammten Kleider aus, du Hure. Du bist nicht besser als eine Hündin.«

Das Wort »Hündin« erfüllte Pam mit mehr Schmerz und Angst als der körperliche Angriff, den sie gerade über sich hatte ergehen lassen, denn es bedeutete nur eins: Er würde sie erniedrigen, wie er es schon oft zuvor getan hatte, und sie wußte nicht, ob sie diese Schmach noch einmal ertragen konnte.

»Mach schon. Zieh deine verdammten Klamotten aus, und zwar *auf der Stelle.*«

Pams weißes Lieblingskleid, das sie erst vor ein paar Stunden so hingebungsvoll gewaschen und gebügelt hatte, war jetzt am Vorderteil eingerissen, so daß ihre Brüste freilagen – brutal entblößt von ihrem Mann, der sich wie ein Ungeheuer gebärdete.

Jetzt ging er an den Schrank, der neben ihrem Bett stand – das konnte nur eins bedeuten. Sie spürte, wie die Furcht vor dem, was kommen würde, ihren Körper und Geist durchfuhr, denn das Schlimmste stand ihr noch bevor.

Ihr blieb keine Wahl: In diesem Schlafzimmer war sie seine Gefangene, und sie würde tun müssen, was ihr Mann befahl.

»Du sollst alles ausziehen. Alles!«

Pam fühlte sich wie ein ängstlicher Fuchs, der von einem großen, brutalen Jagdhund verfolgt wurde. Sie kroch über den Boden in die Ecke und versuchte, sich mit dem Rücken an die Wand zu lehnen. Die Schmerzen in ihrem Bein, dem ihr Mann kurz zuvor einen Tritt versetzt hatte, waren sehr stark. An Flucht war nicht zu denken.

Pam hatte bereits aufgegeben. Wieder einmal würde sie sich ergeben. Langsam zog sie das Kleid aus, aber am Ende war es einfacher, es herunterzureißen. So ging es schneller, und alles würde eher vorbei sein.

Den Schlüpfer auszuziehen gestaltete sich schon schwieriger. Jedesmal, wenn sie versuchte, sich aufzurichten, wurde ihr schwindelig, aber Paul Sainsbury war nicht in der Stimmung, Geduld zu zeigen; sein tierischer Trieb beherrschte ihn jetzt ganz. Er schaute auf seine Frau hinab, auf dieses mitleiderregende Wesen, griff nach ihrem Knöchel und riß ihr gewaltsam den Schlüpfer herunter; dabei überflutete sie der scheußliche Geruch abgestandenen Biers, der aus seinem Mund strömte. Seine Augen wirkten, benebelt vom Alkohol, fast tot, als er rückwärts zum Schrank taumelte, um verschiedene Gegenstände herauszuholen.

»Komm, Hündin. Los komm. Tu so wie eine Hündin. Laß dich wie eine Hündin behandeln. Das hast du doch gerne, nicht wahr?«

Pam wußte, daß ihr Mann von ihr eine Antwort erwartete, aber ihr Kiefer und der Wangenknochen vibrierten noch immer durch den stechenden Schmerz, den seine Schläge vor einigen Minuten ausgelöst hatten.

»Komm schon. Sag es, du Hündin.«

Pam bot ein Bild des Jammers, als sie zu dem bedrohlich über ihr stehenden Mann aufblickte.

»Wauwau ...«

Vor Schmerzen konnte sie die Worte kaum herausbringen, aber Paul war zufrieden ... zumindest für den Augenblick, denn er hatte noch einiges mit seiner Frau vor.

»Bleib liegen, Hündin. Ich werde mit dir Gassi gehen.«

Hinter seinem Rücken holte Paul ein Halsband mit Leine hervor. Pam erlebte das nicht zum erstemal. Sie wußte, was sie zu erwarten hatte, als er sich nach vorn beugte und ihr das mit Metall beschlagene Halsband anlegte.

»Du bist eine Hündin, und ich werde dir etwas beibringen. Hunde müssen trainiert werden.«

34

Pam war halb besinnungslos und hatte sich schon fast aufgegeben; genau das gefiel ihm. Sie nahm ihre Bestrafung widerspruchslos hin – und lieferte ihm damit das krankhafte Vergnügen, nach dem er sich so sehnte.

Jetzt kroch sie auf allen vieren und wurde an der Leine durch das Schlafzimmer geschleift. Wenn sie langsamer wurde, zog er bösartig an dem Halsband, so daß sie spürte, wie es ihr die Kehle zuzog – ein Gefühl, als ob sie ertränke. Schwer atmend rang sie nach Luft, bis er so stark an dem Halsband zerrte, daß ihr fast der Hals ausgerenkt wurde.

Mittlerweile hatte ihr Mann sich ebenfalls nackt ausgezogen, und das war nur der Anfang. Gleich würde er seine Frau zu einigen der erniedrigsten sexuellen Handlungen zwingen, die man sich vorstellen konnte, aber zuerst wollte er sichergehen, daß sie sich wirklich wie eine Hündin fühlte.

»Los, friß. Friß, habe ich gesagt!«

Paul Sainsbury stellte den Freßnapf vor seiner Frau auf den Boden. Sie wußte nicht, was der Napf enthielt, aber schon der Geruch verursachte ihr Übelkeit. Es konnte alles mögliche sein – auf jeden Fall sah es widerlich aus. Schmutzigbraune Stücke irgendeines Fraßes, die den beigefarbenen Napf ganz füllten.

»Friß, habe ich gesagt. Friß!«

Pam beugte den Kopf, denn ihr blieb keine andere Wahl. Wenn sie das Zeug nicht aß, würde er sie schlagen, bis sie es tat, und sie wollte die Sache doch so schnell wie möglich hinter sich bringen – denn diese Behandlung war ein immer wiederkehrender Alptraum in dem traurigen Leben von Pamela Sainsbury.

Sie berührte mit der Zunge die dunkle Masse vor ihren von Tränen verquollenen Augen, schaltete ihre Gedanken aus und begann zu essen.

Zwei Stunden waren seit dem ersten Faustschlag vergangen, und endlich war er völlig betrunken auf dem Bett zusammengebrochen.

Zuvor hatte sie Schmerzen ertragen, als er in fast all ihre Körperöffnungen eingedrungen war. Aller Mut hatte sie verlassen, und ihre Niedergeschlagenheit wurde immer stärker.

Schwerfällig versuchte Pam aufzustehen, aber gleich beim erstenmal fiel sie wieder hin. Ihr schwindelte so sehr, daß sie kaum das Gleichgewicht halten konnte. Seine Gewalttätigkeit war grenzenlos gewesen. Sie hatte das Gefühl, als sei sie von einem brutalen Angreifer und nicht von ihrem eigenen Ehemann vergewaltigt, gequält und sexuell mißhandelt worden.

Dennoch spürte sie durch diesen Nebel des Schreckens tief in ihrem Innern gewaltigen Zorn. Nie, nie wieder würde er sie so erniedrigen.

Als sie an dem Lederhalsband zog, das immer noch eng um ihren Hals lag, spürte sie eine Welle von Ekel, Zorn und Verachtung für dieses Tier, das dort auf dem Bett lag, in sich hochsteigen.

Sie warf das Halsband und die Leine quer durch das Schlafzimmer, zog den Morgenmantel an und setzte sich einen Augenblick lang an das Ende des Doppelbetts. Was sie heute abend erlebt hatte, war ihr bereits mehrmals widerfahren. Wie konnte sie es nur immer wieder zulassen, daß Sexualität bei ihm nicht zu einem Akt der Liebe, sondern zum Anlaß brutaler Aggression wurde? Aber jetzt hatte Pamela Sainsbury endgültig genug – sie würde etwas unternehmen.

Sie wusch sich das Gesicht und versuchte, sich ein wenig herzurichten. Die Zeit war gekommen. Langsam ging sie zu dem Werkzeugschrank, der sich am unteren Treppenabsatz des bescheidenen Reihenhäuschens befand, und holte Pauls Tasche hervor, in der er sein Arbeitswerkzeug aufbewahrte. Dort fand sie ein langes Stück eines dünnen Seils.

Wieder im Schlafzimmer, hielt Pam inne und starrte den schnarchenden Riesen an, der in ihrem Bett lag. Jetzt machte er einen ganz friedlichen Eindruck, und sie mußte sich die widerlichen Erniedrigungen, die sie gerade durchgemacht hatte, erneut ins Gedächtnis rufen. Ja, die Zeit zu handeln war gekommen – schließlich waren acht Jahre, während deren er sie gequält hatte, genug.

Pam befestigte ein Ende des Seils am Kopfende des Bettes und wickelte es anschließend mit äußerster Vorsicht um den Hals ihres Mannes. Er spürte noch immer nichts, denn das Seil war noch nicht strammgezogen – noch nicht. In diesem Augenblick regte er sich. Vielleicht hatte sie ihn aufgeschreckt ... nein, es war nur der ruhelose Schlaf eines völlig betrunkenen Mannes.

Pam nahm das Seil fest in ihre zierlichen Hände, als wollte sie sich an einem Tauziehwettbewerb beteiligen. So stand sie neben dem Bett und warf einen letzten Blick auf sein Gesicht. Dies war der Mann, für den sie ihr ganzes bisheriges Leben aufgegeben hatte, um immer bei ihm sein zu können, der Mann, mit dem sie eine Familie gegründet hatte, der Mann, der sie auf seine merkwürdige, perverse Art wahrscheinlich sogar wirklich liebte.

Einen Augenblick lang fragte sie sich, ob das, was sie da tat, auch richtig war. Vielleicht könnte er sich noch ändern, könnten sie einen neuen Anfang machen?

Gleichzeitig wurde ihr bewußt, daß dies nie geschehen würde, denn sie hatte Ähnliches schon zu oft erlebt. Paul hatte Versprechungen gemacht und sie sofort wieder gebrochen. Er wollte sie zu Tode lieben – daher mußte sie ihn töten, um ihm zuvorzukommen. Ihr blieb keine andere Wahl. Verzweifelt zog sie mit einem kräftigen Ruck an dem freien Ende des Seils und spürte, wie das Kopfteil des Bettes, an dem es mit dem anderen Ende festgeknotet war, nachgab. Als sie fester zog, knarrte es, und das Seil brannte in ihren Händen, während sie mit aller Macht daran zerrte.

Plötzlich wachte er auf – und was sie am meisten befürchtet hatte, war eingetreten. Als das Seil sich eng um seine Kehle legte, war er aus seinem trunkenen Schlaf aufgerüttelt worden, und sie sah in seine Augen, die sie zu Tode erschrocken und flehend anstarrten. Es war derselbe Blick, den sie ihm so oft zugeworfen hatte, wenn er sie schlug und mißhandelte. Jetzt war er derjenige, der litt und Schrecken und Angst erlebte.

Als er die Augen öffnete, zog sie noch kräftiger an dem Seil, und fast hätte man glauben können, daß seine Qual sie antrieb, den Todesprozeß zu beschleunigen. Jetzt gab es kein Zurück mehr.

Schnell wich die Farbe aus seinem Gesicht, und sie sah, wie die Pupillen seiner Augen sich weiteten. Schon versuchte er nicht mehr, das Seil von seinem Hals zu lösen; Hände und Arme hingen schlaff am Bettrand herab, während Pam erneut der Wut in sich nachgab und noch kräftiger an dem Seil zog. Nichts würde sie jetzt dazu bringen, das Seil loszulassen, bis sie ihre Aufgabe zu Ende geführt hatte.

Jetzt brannte das Seil zwar nicht mehr in ihren Händen, aber es schnitt tief in ihre Haut ein. Trotzdem spürte sie keine Schmerzen. Mit weit aufgerissenen Augen starrte er sie an; das Weiß seiner Augen blitzte. Fast hatte man das Gefühl, daß irgendeine äußere Kraft seine Augenlider offenhielt. Pam war froh darüber, denn das bedeutete, daß er alles bis zum bitteren Ende hatte mit ansehn müssen. Für sie war es wichtig, daß sein Leiden so lange wie möglich gedauert hatte. Mit einem letzten Aufwallen von Energie zog Pam zum letztenmal an dem Seil, aber offensichtlich war ihr Mann bereits tot. Langsam lockerte sie den Griff – da krümmte sich sein Körper. Vielleicht lebte er noch? Hatte sie das Todesurteil doch nicht vollzogen?

Für den Bruchteil einer Sekunde durchfuhr sie ein elektrischer Schock. Erschreckt umklammerte Pam das Seil wieder, und nachdem sie es noch einmal fest angezogen hatte, lag ihr Mann unbeweglich und schlaff da. Jetzt war kein Anzeichen von Leben mehr bei ihm zu sehen.

Ihre nächste Aufgabe bestand darin, ihn aus dem Bett zu schaffen. An diesem Abend hatte er ihren Körper und ihre Seele zum letztenmal drangsaliert, doch jetzt hieß es, praktisch zu denken, denn sie wollte nicht, daß ihre Kinder Lindsay und Terry ihren Vater so erblickten.

Pam schaute zum Schlafzimmerschrank hinüber. Es wirkte auf sie wie eine Folterkammer, in der er seine Peitschen, die Halsbänder, Leinen und die anderen schrecklichen, perversen Werkzeuge aufbewahrte, mit denen er sie während der letzten acht Jahre immer wieder gequält hatte.

Ja, der Schrank schien genau der richtige Ort für ihn. Dort

sollte er zwischen den scheußlichen Lederleinen mit den Metallbeschlägen seine letzte Ruhe finden. Pam würde schon dafür sorgen, daß er es dort bequem hatte.

Sie löste das Seil vom Kopfende des Bettes und bemerkte, wie stark es sich in ihre Hände eingeschnitten hatte. Bevor sie das tote Stück Fleisch über den Boden schleifen würde, wollte sie sich waschen.

Als es ihr endlich gelungen war, die Leiche in dem Schrank zu verstauen, war es fast drei Uhr morgens geworden, aber das war unwichtig für Pam. Sie fühlte sich jetzt in einem Netz von Phantasien verstrickt, die Wirklichkeit geworden waren. Hatte sie ihren Mann tatsächlich gerade getötet? Hatte sie ihn wirklich stranguliert und sein Lebenslicht ausgeblasen? Um sich zu vergewissern, warf sie einen Blick auf den Kalender, der neben dem Doppelbett lag – neben dem Bett, in dem sich dies alles gerade zugetragen hatte. Um ihren gequälten Geist zu beruhigen, ihre Handlung zu rechtfertigen und ihr einen Sinn zu verleihen, schrieb sie ein paar Worte nieder:

DIES IST DER ERSTE TAG
VOM REST MEINES LEBENS.

Es war der 1. September 1990, und Pamela Sainsburys Leben hatte tatsächlich wieder einen neuen Anfang genommen.

»Gestern abend hat er mich verprügelt und mir dabei fast das Bein gebrochen. Ich habe ihn aufgefordert, das Haus zu verlassen, weil ich sonst die Polizei rufen würde.«

Pams Stimme klang sehr überzeugend, als sie einem Verwandten ihres Mannes erklärte, warum er nicht zu Hause war.

»Ich glaube, er ist nach Nordengland gefahren, aber im Grunde ist es mir egal. Ich will ihn nie wiedersehen.« Erst jetzt wurde ihr bewußt, daß sie sich deshalb auch keine Sorgen zu machen brauchte. Kein Mitglied seiner Familie und keiner ihrer Freunde schien weiter überrascht. Einige unter ihnen hatten seinen schrecklichen Eifersuchtsanfall im *Cari-*

nas vor ein paar Tagen ja selbst miterlebt. Paul war einer von der brutalen Sorte, um den es nicht weiter schade war.

Aber obwohl Paul Sainsbury seine Frau nie mehr tyrannisieren würde, stellte er dennoch ein Problem für sie dar. Wo konnte sie seine Leiche verstecken?

Vier Tage waren seit der Tat bereits vergangen, und sein lebloser Körper lag noch immer inmitten seiner Sex-Handbücher und der sadomasochistischen Folterinstrumente.

Pam mußte irgend etwas unternehmen, und wieder war sie auf sich gestellt, denn sie konnte kein Risiko eingehen und jemandem von ihrer Tat erzählen.

Pam überprüfte ein letztes Mal, ob die Kinder fest schliefen; sie schlich sich in ihr Zimmer und betrachtete einen Augenblick lang ihr Engelsgesichter. Ihr Anblick überzeugte sie davon, daß sich all die Qualen, die sie ertragen hatte, nicht umsonst gewesen waren. Als sie ihre Kinder so schlafen sah, war sie überzeugt davon, daß sie das Richtige getan hatte. Sie waren ihr Fleisch und Blut, sie wünschte sich ein möglichst glückliches Leben für sie und würde schon dafür sorgen, daß ihr Wunsch in Erfüllung ging.

Jetzt, da alles still war im Haus, mußte sie sich erst einmal um Paul kümmern und seine Leiche loswerden. Aber wie sollte sie das anstellen? Er war viel zu schwer, um ihn einfach aus dem Haus zu tragen. Pam holte einen dreißig Zentimeter langen Fuchsschwanz und ein rasiermesserscharfes Tranchiermesser aus der Küche und brachte beide Werkzeuge nach oben. Als sie den Schrank öffnete, holte sie tief Luft – diese schreckliche kleine Folterkammer beinhaltete genau das, was zu ihr paßte. Der Meister – dieses Tier, das Pam so viel Schmerz und Angst zugefügt hatte – verrottete jetzt zwischen seinen eigenen perversen Spielzeugen.

Als sie die Doppeltür aufschloß, fiel sein steifer Leichnam heraus, und augenblicklich verbreitete sich der Geruch des Todes. Die nackte Leiche hatte bereits eine blaugraue Färbung angenommen.

Pam hielt einen Augenblick lang die Luft an: Ein Teil seines Darminhalts hatte sich im Schrank entleert. Es war ein scheußlicher Anblick, aber Pam gewann schnell ihre Entschlossenheit wieder, denn sie mußte sich an die Arbeit machen. Paul würde sie nie nicht mehr besiegen – auch im Tod nicht. Niemals mehr würde er die Befriedigung genießen, sie in Schrecken zu versetzen. Mit diesem Mord wollte sie ungestraft davonkommen und sich so von dem bösen Bann ihres Mannes befreien. Er würde sie auch jetzt nicht bezwingen – niemals mehr.

Pam rollte den schweren, leblosen Körper auf ein Stück Plastikfolie, das sie auf dem Fußboden ausgelegt hatte. Es war an der Zeit, mit der Arbeit zu beginnen.

Zuerst machte es ihr große Mühe, den Arm am Schultergelenk abzutrennen. Pam drückte mit aller Macht zu, und schließlich grub sich das Werkzeug in das weiche, bläuliche Fleisch.

Nachdem sie sich beim Sägen eine bestimmte Technik angeeignet hatte, ging es relativ leicht; nach ein paar Minuten war der Arm fast ganz vom übrigen Körper abgetrennt. Pam zog leicht daran und hörte, wie die letzten Muskelfasern rissen; anschließend steckte sie den abgetrennten Arm in eine schwarze Mülltüte. Sein Gewicht überraschte sie, er schien ihr ziemlich schwer. Überhaupt hatte sich Pam die Sache viel leichter vorgestellt.

Nachdem sie beide Arme in den Plastiksack neben der Leiche geschoben hatte, machte sie sich daran, die Beine abzusägen, was sich noch schwieriger gestaltete. Zu Anfang versuchte sie, dort zu sägen, wo die Oberschenkel mit dem Rumpf verbunden waren, aber das erwies sich als unmöglich. Vor Anstrengung stöhnend, drehte sie den Körper um und begann, das Fleisch am Hüftgelenk zu durchtrennen.

Über eine Stunde später hatte Pam die Arme und Beine vom Rumpf gelöst. Jetzt mußte sie sich nur noch um den Kopf kümmern. Sie betrachtete die kalte, leblose Form auf dem Fußboden und fragte sich, ob das wirklich Paul war. Vielleicht würde er jeden Augenblick durch die Tür treten? Sie hockte auf der Plastikfolie neben den Überresten ihres Mannes und starrte ihn in einer Art Trance an.

Wie kann ich mir sicher sein? Wie kann ich mir sicher sein, daß er wirklich tot ist, wenn ich seine Leiche wegschaffe?

Diese Frage beunruhigte Pam tatsächlich. Solange sein Körper im Schrank verwest war, konnte sie sicher sein, daß er wirklich tot war, aber jetzt würde sein Körper für immer verschwinden. Von Paul würde nichts mehr übrigbleiben – nichts, das ihr beweisen konnte, daß er tatsächlich tot war.

Sie beugte sich vor und begann, den Hals durchzusägen. Als sie den Kopf vom Rumpf getrennt hatte, war ihr Entschluß gefaßt: Sie würde seinen Kopf aufbewahren, damit sie sich für immer absolut sicher sein konnte, daß ihr Mann tatsächlich tot war.

Es war lange nach Mitternacht, als Pam die beiden großen Müllsäcke hinunter zum Hintereingang schleifte. Sie hoffte, daß niemand sie dabei beobachten würde, wenn sie am Ende des Gartens in der Nähe des Gemüsebeets ein Loch schaufelte.

Sie holte einen Spaten aus dem Gartenhäuschen, suchte sich einen geeigneten Platz und begann zu graben – zumindest versuchte sie es, aber der Boden war hart wie Stein. Es hatte in den letzten Wochen wenig geregnet, und die Erde war trocken und fest. Auch wenn sie den Boden noch so sehr mit dem Spaten bearbeitete, konnte sie nur ein paar kleine Erdklumpen lockern.

Sie versuchte es an einer anderen Stelle, aber wieder vergeblich. Es war einfach unmöglich, eine Grube auszuheben, die tief genug war, um die Säcke aufzunehmen. Außerdem sorgte sie sich, daß ihre Nachbarn sie so spät nachts im Garten beobachten könnten und Fragen stellen würden. Noch rührte sich nichts, aber wenn sie weiter einen solchen Lärm veranstaltete, käme bestimmt jemand, um nachzusehen, was sie dort trieb.

Beunruhigt kehrte Pam in die Küche zurück. Die beiden Plastiksäcke mit den Überresten ihres Mannes standen noch immer am Hintereingang. *Du kannst mich nicht loswerden*, schienen sie mit Pauls spöttischer Stimme zu sagen, *ich habe dich besiegt.*

Was konnte sie jetzt tun? Er sollte nicht gewinnen – das durfte sie einfach nicht zulassen! Sie mußte sich eben etwas anderes einfallen lassen, um die Leiche zu beseitigen.

Pam ging wieder ans Ende des Garten und schob die Schubkarre zur Hintertür. Es war Schwerstarbeit, die einzelnen Müllsäcke aufzuladen, und die Anspannung und die Aufregung der letzten Tage forderten jetzt ihren Tribut. Sie konnte ihre Schwäche nur besiegen, indem sie daran dachte, warum sie all dies tat, und die Hoffnung auf ein neues Leben verlieh ihr weitere Energie.

Es bedeutete ein großes Risiko für Pam, aber sie mußte die Leiche loswerden. Also schob sie die Schubkarre zu der hinteren Gartenmauer, nahm dort all ihre Kraft zusammen und wuchtete den Sack über die Mauer in das Gebüsch, das sich dahinter erstreckte. Es bestand aus dichtem Farnbewuchs und einer Hecke, die zu einem ungenutzten Feld gehörte.

Jetzt stemmte Pam auch den zweiten Sack über die Mauer. Sie hatte sich der Leiche auf die bestmögliche Art entledigt – sie befand sich nicht mehr auf ihrem Grundstück, und das war das wichtigste für Pam.

Nach getaner Arbeit kehrte Pam in die Küche zurück, in der sich nur noch ein Müllbeutel befand, der kleiner als die beiden Säcke war – rund und geformt wie ein großer Fußball. Diese Tüte würde sie an einem Ehrenplatz aufbewahren – als ständige Erinnerung daran, daß er nie mehr zurückkehren konnte.

Wie immer dröhnte die Musik laut im *Carinas*, aber für Pamela Sainsbury gab es da einen großen Unterschied. Sie lebte nicht mehr in der Angst, verprügelt zu werden, wenn sie nach Hause kam.

Es war der erste Besuch ohne ihre Mann an dem Ort, an dem acht schreckliche Jahre in den Händen eines Ungeheuers ihren Anfang und ihr Ende genommen hatten. Als sie sich entspannt mit einer Freundin an den umlagerten Tresen setzte, dachte sie darüber nach, wie nur ein paar Wochen zuvor ihr Leben noch ganz anders ausgesehen hatte.

Sie hatte das Versprechen, das sie sich in jener Nacht, in

der Paul gestorben war, gegeben hatte, gehalten. Jeden Tag betrachtete sie die Worte, die sie auf ihren Kalender geschrieben hatte: DIES IST DER ERSTE TAG VOM REST MEINES LEBENS.

Jetzt verwirklichte sie ihr Vorhaben, und ihr Leben war nun viel angenehmer, als sie es je für möglich gehalten hätte. Sie konnte sogar lachen und die Männer anlächeln, deren Blicke sie trafen, ohne daß sie jetzt befürchten mußte, wieder so schrecklich erniedrigt zu werden. Bald würde sie genug Selbstvertrauen haben, um sich verabreden und die Gesellschaft von hoffentlich sanfteren Männern genießen zu können, die anders waren als dieser Kranke, den sie geheiratet hatte.

Aber zu Anfang wollte sie eine Weile zurückhaltend sein, denn es würde einige Zeit dauern, bis sie sich wieder an die reale Welt gewöhnt hatte. Schließlich hatte sie ja nicht nur die unglaublichen Brutalitäten ihres Mannes ertragen müssen – er hatte sie auch gezwungen, die meiste Zeit wie eine Gefangene in dem kleinen Haus zu verbringen. Jetzt mußte sie sich erst wieder an normale, anständige, hart arbeitende Menschen gewöhnen, und ihre Freundinnen erwiesen sich dabei als wahre Stützen.

Pam tat ihnen leid. Von ihrem Mann verlassen, mußte sie die Kinder jetzt allein großziehen. Sie verdiente es wirklich, ab und zu hinauszukommen und etwas Abwechslung zu genießen.

Als Pam und ihre Freundinnen das *Carinas* verließen, waren alle der Meinung, daß es ihr offenbar schon besser ginge, wenn sie auch irgend etwas zu beunruhigen schien. Tatsächlich hatte Pam das Gefühl, daß *er* sich vielleicht noch irgendwo herumtrieb, sie noch immer beobachtete und nur darauf wartete, daß sie nach Hause kommen würde, damit er sie wieder verprügeln konnte. Überall, wo sie sich befand, wurde sie an ihn erinnert, schließlich lebte sie ja in seiner Heimatstadt. Ein schreckliches Gefühl. Vielleicht bestand ja wirklich die Möglichkeit, daß er nicht tot war? Vor Angst bekam sie eine Gänsehaut.

Es gab nur eine Lösung. Als Pam an diesem Abend nach

Hause kam, eilte sie durch den Flur und öffnete die Tür des Schranks unter der Treppe, in dem der Stromzähler untergebracht war.

Sie beruhigte sich erst wieder, als sie die Kopfform sah, die sich unter den Plastiktüten abzeichnete, in die sie seinen Kopf fest eingewickelt hatte. Jetzt wußte sie, daß er wirklich tot war – ja, sie mußte den Kopf als ständige Erinnerung an ihre Freiheit aufbewahren. Ein paar Sekunden lang stand sie dort in dem dunklen Korridor und starrte das gräßliche Ding an. Ihr war klar, daß niemand erfahren durfte, was sie getan hatte, aber solange sie das wußte, war alles in Ordnung.

Im Verlauf der nächsten Monate entdeckte Pamela ihr Leben langsam neu und lernte, es zu genießen. Sie ging mit anderen Männern aus und wurde insgesamt ein glücklicherer, zufriedenerer Mensch. Jedesmal, wenn Zweifel sie quälten oder wenn wegen ihrer Tat Schuldgefühle in ihr aufstiegen, kehrte sie an den Schrank zurück, um sicherzugehen, daß der Kopf noch da war. Jetzt störte sie nur noch die Einsamkeit, die sie verspürte, wenn sie den Kopf unter der Treppe betrachtete, denn bei diesen Gelegenheiten fühlte sie sich ganz allein. Gern hätte sie jemandem erzählt, was vorgefallen war; es fiel ihr nicht leicht, die Wahrheit zu verbergen. In den letzten Monaten war es des öfteren vorgekommen, daß sie mit einer Freundin in der Küche ihres Hauses saß, nur wenige Meter von Pauls leblosem Gesicht in der Dunkelheit entfernt, und sich fragte, ob sie jemandem anvertrauen könne, was in jener schrecklichen Nacht geschehen war. Jedesmal hielt sie sich im letzten Moment zurück, weil sie sich plötzlich bewußt wurde, daß ein solches Geständnis sicherlich der Polizei gemeldet werden würde.

Im Sommer 1991 stand Pam jedoch kurz vor einem Nervenzusammenbruch und konnte ihr Geheimnis einfach nicht länger für sich behalten. Sie war davon überzeugt, daß die Schuldgefühle, von denen sie ständig geplagt wurde, für immer verschwinden könnten, wenn sie sich einer Freundin anvertraute. Schließlich hieß es ja, daß ein Geständnis das

Gewissen entlastete, und Pam war der Meinung, daß ihr neues Leben bis auf diesen einen Punkt perfekt war. Jetzt war es an der Zeit, ihr Herz auszuschütten.

»Ich bin so erleichtert, daß ich es dir erzählt habe. Es ist gut, sich einem anderen Menschen anzuvertrauen.«

Zuerst wußte Pams Freundin nicht, was sie sagen sollte, aber dann war sie schockiert und entsetzt über die Geschichte, die sie da gerade gehört hatte. Unglücklicherweise hatte sich Pam für ihr Geständnis die falsche Freundin ausgesucht.

»Wir würden uns gerne mit Ihnen über Ihren vermißten Ehemann unterhalten.«

Der uniformierte Polizeibeamte, der vor Pams Haustür stand, ging recht behutsam vor, aber sie wußte, warum er gekommen war.

»Lassen Sie mir ein paar Minuten Zeit. Ich muß einen Babysitter für die Kinder organisieren.«

Dem Beamten machte es nichts aus zu warten, während Pam wieder ins Haus ging, aber ihr gab es die Möglichkeit, sich noch einmal zu vergewissern. Sie öffnete den Schrank mit dem Stromzähler zum letztenmal und betrachtete den Kopf. Das reichte – sie war sich hundertprozentig sicher, daß er tot war und nie zurückkehren würde. Irgendwie verspürte sie sogar Erleichterung, daß die Polizei gekommen war. Vielleicht war dies das fehlende Puzzleteil, der eine Aspekt, der sie so beunruhigt hatte? Sie mußte ein Geständnis ablegen, um damit endgültig zu garantieren, daß er nie zurückkommen würde. Jetzt, da die Polizei da war, konnte sie sich ganz sicher sein, daß ihr Peiniger für immer verschwunden war. Völlig gefaßt holte sie den Kopf ihres toten Mannes aus dem Schrank und warf ihn in den Mülleimer, der von der Müllabfuhr am nächsten Morgen geleert werden würde ...

Am 14. Dezember 1991, einem Freitag, wurde Pamela Sainsbury zu einer Bewährungsstrafe von zwei Jahren verurteilt, nachdem sie den Totschlag an ihrem Mann Paul gestanden

hatte. Sie bekannte sich auch schuldig, die Staatsanwalt-
schaft bei ihren Nachforschungen behindert zu haben, indem sie die Leiche hatte verschwinden lassen.

Richter Auld vom Gericht in Plymouth erklärte: »Viele
Jahre lang hat die Angeklagte regelmäßig sich steigernde
Gewalttaten und andere Formen von extremem Sadismus
und sexueller Erniedrigung durch den Getöteten erfahren.
In einem Fall wie diesem gibt es kein richtiges Strafmaß. Ei-
nerseits ist es meine Aufgabe, diesem Kapitalverbrechen,
das die Angeklagte begangen hat, Rechnung zu tragen, aber
unter diesen außergewöhnlichen Umständen bin ich bereit,
eine Bewährungsstrafe von zwei Jahren zu verhängen.«

Der Kopf von Paul Sainsbury wurde von der Polizei nie gefunden.

Bambi

Auch in ihren Jogging-Shorts sah Lawrencia Bembenek umwerfend aus. Alles an ihr war gerade richtig. Sie hatte ein schön geschnittenes Gesicht, das lockige, kastanienbraune Haar war perfekt frisiert, ihre Brüste waren straff und voll, aber nicht zu groß, und ihr Po kurvig und gleichzeitig wohlproportioniert – mit ihren zweiundzwanzig Jahren schien sie einfach die absolute Traumfrau.

Besonders fielen jedoch die Augen an ihr auf – es waren große, dunkelbraune Seen der Sinnlichkeit, die weit offen in die Welt schauten und immer glücklich wirkten. Sie sahen ihr Gegenüber wie die Augen eines vorsichtigen Rehs direkt an, und diese Augen waren es auch, die Lawrencia den Spitznamen eingebracht hatten, den sie ihr Leben lang tragen sollte – Bambi. Irgendwie sagte dieser Name alles über sie aus. Sie hatte eine gewinnende Unschuld an sich, eine Verletzbarkeit, die ungeheuer attraktiv wirkte, aber gleichzeitig verfügte sie auch über eine tierische Schläue – der natürliche Instinkt zu überleben.

Auf jeden Fall machte die junge Frau einen umwerfenden Eindruck auf den Polizisten Fred Schultz, der Bambi erst vor ein paar Tagen in einer Bar in ihrer Heimatstadt Milwaukee kennengelernt hatte. Ihre Unterhaltung war kurz, aber freundlich gewesen – zu mehr war es nicht gekommen. Bambi ließ sich nicht so leicht von älteren, geschiedenen Männern wie Schultz aufgabeln. Es machte ihr nichts aus, sich mit ihm zu unterhalten, aber weiter würde sie nicht gehen.

»Wie wäre es, wenn wir morgen zusammen joggen?«

Bambi war überrascht. Sie hatte das übliche Geschwätz erwartet und eine Einladung zu dem Mann nach Hause, aber statt dessen fragte er, ob sie mit ihm joggen wolle. Ihre glatte, meist undurchsichtige Fassade war angekratzt worden. Diesen Vorschlag hatte sie nicht erwartet. Vielleicht meinte dieser Mann es ernst?

»Klar. Warum nicht? Um wieviel Uhr sollen wir uns treffen?«
Bambi konnte ihre Reaktion einfach selbst nicht glauben.
Wie konnte sie sich nur mit einem Mann zum Joggen verabreden, den sie nicht näher kannte? Aber irgendwie war sie beeindruckt von seinem Verhalten. Offenbar mochte er sie wirklich. Auf jeden Fall würde er beim Joggen wohl kaum über sie herfallen.

Die beiden verabredeten sich also – *wenn* man dies als eine Verabredung bezeichnen konnte –, durch die Straßen von Milwaukee zu laufen. Es schien kaum ein romantischer Ausgangspunkt für eine zukünftige Liebesbeziehung, aber für den Augenblick war Bambi es zufrieden.

Der sportliche Teil ihres ersten Dates war also nicht gerade unterhaltsam. Während sie in dem großen Park am Stadtrand schweratmend ihre Runden drehten, hatten sie kaum noch die Energie, sich richtig zu unterhalten. Das würde später kommen. Im Augenblick testeten sie gerade ihre körperlichen Grenzen, ohne sich dabei zu berühren. Und Bambi erwies sich als die fittere von beiden.

Schon bald lief sie mehrere Meter vor dem zweiunddreißigjährigen Kriminalbeamten her, aber das kümmerte ihn nicht weiter. Von einer Frau geschlagen zu werden machte Fred Schultz nichts aus. Er genoß eine völlig anderen Aspekt ihres Laufs durch den Park – ihm gefiel es, die Bewegungen des schlanken und wohlgeformten Körpers vor ihm zu beobachten, denn ihr Po zeichnete sich deutlich durch das hautenge Material ihrer enganliegenden Shorts ab.

Fred jedenfalls war der Meinung, daß er für den Rest seines Lebens und vielleicht noch darüber hinaus gerne hinter diesem Mädchen herrennen wollte.

Als die beiden ihre Runden schließlich beendet hatten, konnte er seine Augen von ihrem erhitzten glänzenden Gesicht nicht abwenden. Er beobachtete, wie die Schweißperlen langsam über ihre Stirn liefen und vorbei an diesen wunderbaren Augen auf die perfekt geformten Wangen tropften, bis sie auf ihre feuchten Lippen trafen, wo ihre Zunge hervorschnellte und sie ableckte.

Fred Schultz war hingerissen, obwohl er nicht einmal ihren vollständigen Namen kannte. Dies war die Frau für ihn – da gab es keinen Zweifel.

Und dann passierte es. Es war einer jener Zufälle, die den Beginn so mancher erfolgreichen Beziehung markieren. Als Bambi und Fred sich in ein Café setzten, um sich zu unterhalten, stellte sie ihm die klassische Frage.

»Was machen Sie beruflich, Fred?«

»Ach, ich bin Bulle. Und Sie?«

Bambi sagte einen Augenblick lang gar nichts. Zuerst dachte Fred, es sei das altbekannte Lied: eine Frau, die keine Polizisten mochte. Vielleicht sitzt ihr Vater im Gefängnis? Vielleicht hatte sie schon einmal Ärger mit der Polizei gehabt? So etwas kam so häufig vor, daß er sich schon nicht mehr darüber wunderte. Er hatte gehofft und gebetet, daß es bei dieser Frau anders sein würde, aber jetzt schien er mit den üblichen Vorurteilen gegen die Polizei konfrontiert zu werden.

Aber genau das Gegenteil war der Fall.

Sie trank langsam ihren Kaffee, leckte sich die Sahne von den Lippen und sagte lächelnd: »Ich war früher auch mal bei der Polizei.«

Mit diesen Worten besiegelte Bambi das Schicksal einer Beziehung, die zu einer Ehe und viel mehr führen sollte.

Die Hochzeit war eine einfache Angelegenheit. Sie hatten nur wenig Geld, aber es kostete nichts, den romantischsten Tag des Jahres für die Eheschließung zu wählen – den Valentinstag 1981.

Fred war schon einmal verheiratet gewesen. Da er seine Ex-Frau Christine und die beiden Söhne unterstützen mußte, blieb ihm am Ende des Monats nicht viel übrig. Die 363,50 Dollar für die Hypothek auf das Haus, das er seiner ersten Frau hatte lassen müssen, und die 330 Dollar Alimente fraßen fast die Hälfte seines Nettogehalts als Polizist auf. Es war schwer für das junge Paar, denn Bambi verdiente auch nicht gerade viel. Tagsüber arbeitete sie als Aerobic-

Trainerin und abends als Playboy-Häschen, um die immer größer werdende Schuldenlast abtragen zu können.

Aber sie hatten einander – und nur das zählte.

Regelmäßig wurde Bambi wütend, weil Fred seiner ersten Frau und den Kindern so viel Geld gab. Die Geschiedene wollte einen älteren, erfolgreichen Mann heiraten, und während Bambi und Fred sich kaum die Miete für eine bescheidene kleine Wohnung leisten konnten, lebte Christine nur ein paar Blocks weiter in einem hübschen Einfamilienhaus. Es schien einfach nicht gerecht, aber Fred mußte seinen Verpflichtungen nachkommen – und er hielt sein Wort.

Dennoch nagte die Wut weiter an Bambi, sie konnte sie einfach nicht loswerden. Selbst als die Verlobten ein paar enge Freunde zu einem Abendessen am Vorabend der Hochzeit eingeladen hatten, tauchten diese Gedanken immer wieder in ihrem Kopf auf.

»Weißt du, es würde sich lohnen, Christine aus dem Weg zu räumen«, sagte sie halblaut und ohne dabei zu lächeln.

Judy Zess kaute einen Augenblick lang nicht weiter an dem Hähnchenschenkel herum. Sie konnte einfach nicht glauben, was ihre alte Freundin und langjährige Zimmerkollegin Bambi da gerade gesagt hatte.

Schließlich war es der Vorabend der Hochzeit, und sie drohte, die erste Frau ihres zukünftigen Ehemannes »aus dem Weg zu räumen«. Was um alles in der Welt meinte sie damit? Das war wohl kaum ein guter Anfang für die neue Ehe. Judy Zess jedenfalls vergaß diese finsteren Worte niemals, und eines Tages sollten sie prophetische Bedeutung erlangen.

Aber Fred Schultz schwebte im siebten Himmel, denn er hatte eine wunderbare Frau gefunden, mit der er ein neues Leben beginnen wollte. Nach den schrecklichen Ehejahren mit Christine war er wirklich der Meinung, daß das Mädchen seiner Träume aufgetaucht war, mit dem er den Rest seines Lebens verbringen konnte.

Er war so vernarrt, daß er die hämischen Blicke einiger Kollegen ignorierte. Sie kannten Bambi nicht nur als das hübsche, sinnliche Wesen, in das er sich verliebt hatte. Sie erinnerten sich an sie als die junge »Drogen«-Polizistin, die eine Freundin, die beim Haschischrauchen überrascht worden war, nicht angezeigt hatte. In den Augen von Freds Kollegen machte sie nichts als Schwierigkeiten – und sie hatte Schande über ihre Einheit gebracht, indem sie sich mit Drogenabhängigen eingelassen hatte, ja, man nahm sogar an, daß sie selbst Marihuana geraucht hatte. Dies war auch der Grund dafür gewesen, warum sie 1980 fristlos entlassen worden war.

Bei der Polizei von Milwaukee jedenfalls hatte Bambi sich jede Menge Feinde gemacht:

»Sie war viel zu hübsch für eine Polizistin.«

»Ein Mädchen wie sie hätte nie zur Polizei gehen sollen.«

Auf jeden Fall waren die Meinungen über Bambi geteilt, denn sie war ein Mensch, der zu Extremen neigte. Entweder man liebte sie oder haßte sie, und Schultz war ihr völlig verfallen. Seine Kollegen dagegen verachteten Bambi.

Dennoch gab es da etwas, was ihr Mann völlig ablehnte – ihren Job im örtlichen Playboy Club. Es war Fred egal, daß Bambi an ein paar guten Abenden die ganze Monatsmiete für ihre bescheidene Wohnung verdienen konnte. Er hatte zwar nie genug Geld, aber seine Frau sollte nicht in *diesem* Etablissement arbeiten.

Bambi verstand die Gefühle ihres neuen Ehemannes zwar, aber sie wußte auch, daß ihre finanzielle Lage nicht gerade rosig aussah. Außerdem hatte sie einen tollen Körper. Warum sollte sie den nicht ein wenig zur Schau stellen und für das Vergnügen noch bezahlt werden?

»Diese Typen geben mir 50 Dollar Trinkgeld, nur um mich anzuschauen.« Bambi sah ihren Job ganz sachlich. Niemals hätte sie es in Betracht gezogen, sich zu verkaufen, aber ein hautenges Trikot anzuziehen und einen nachgemachten Stummelschwanz zu tragen schien ihr nicht weiter schlimm. Außerdem war sie stolz auf ihren gesunden, schlanken Körper. Sie wußte, daß sie einen schönen Busen und tolle Hüften hatte, und es machte ihr nichts aus, falls nötig mit den richtigen Körperteilen zu wackeln. Schließlich war das alles ganz harmlos.

Aber Fred blieb unerbittlich. Die Vorstellung, daß all diese fremden Männer nach ihr gierten, gefiel ihm gar nicht – außerdem war dies wohl kaum der richtige Job für die Ehefrau eines Polizisten, und nach einigem Zureden gab Bambi ihr Kostüm im Playboy Club ab und nahm Abschied von den aufregenden, riskanten Abenden dort. Dafür hatte sie jetzt mehr Zeit für sich, mehr Zeit zum Nachdenken und Brüten, mehr Zeit, wütend zu werden und böse Pläne zu schmieden.

Fred machte als Polizist in den Straßen von Milwaukee immer mehr Überstunden. Die Verbrechen nahmen in den meisten Vierteln dieser harten und geschäftigen Stadt ständig zu, so daß Fred und seinen Kollegen kaum eine Atempause vergönnt war.

Für Bambi bedeutete das, daß sie viele einsame Nächte vor dem Fernsehschirm zu Hause verbringen mußte, obwohl sie sich kaum auf das Programm konzentrieren konnte. In ihr stiegen Rachegelüste hoch. Sie lebte in einer winzigen, engen Wohnung, während *diese Frau* ein schönes Haus ihr eigen nennen konnte. Warum? Warum war Bambi diejenige, die litt, obwohl sie gerade erst geheiratet hatte?

Die einzigen Fernsehsendungen, die sie ein wenig ablenkten, waren düstere Kriminalfilme, gräßliche Mordgeschichten, die die Zuschauer in Angst und Schrecken versetzten, aber Bambi jagten sie keine Angst ein, vielmehr brachten sie sie auf eine Idee ...

Der Abend des 27. Mai 1981 war heiß und feucht in Milwaukee, aber das störte Christine Schultz und ihre beiden Söhne Sean, 11, und Shannon, 7, nicht, denn die beiden Kinder lagen in dem vollklimatisierten Schlafzimmer des gepflegten Einfamilienhauses in einem der besseren Vororte der Stadt im Süden gemütlich in ihren Betten.

Als die dreißigjährige Christine ihnen zärtlich gute Nacht sagte und aus dem Schlafzimmer ging, dachte sie keine Sekunde an das Glück ihres Ex-Mannes und seiner jungen Frau. Sie erinnerte sich nur an die unglücklichen Jahre mit Fred, an die Streitereien und Kräche, an all die Tränen, die sie vergossen hatte. Jetzt endlich konnte sie ihr neues Leben genießen. Sie hatte einen neuen Freund und konnte vielleicht sogar eine neue, glücklichere Ehe eingehen.

Liebevoll betrachtete sie ihre Söhne beim Einschlafen und war sich sicher, daß sie es einmal besser haben würden. Ein donnerndes Getöse ertönte über ihr, als sich ein Großraumflugzeug im Landeanflug auf den nahe gelegenen Flughafen von Mitchell Field befand, aber die beiden Jungen, die bereits friedlich träumten, wachten nicht auf.

Leise verließ Christine auf Zehenspitzen das Kinderzimmer, betrat das Schlafzimmer, das sie einst mit Fred geteilt hatte, und freute sich auf einen friedlichen, gemütlichen Abend vor dem Fernseher.

Christine setzte sich auf das bequeme Doppelbett und stopfte sich drei Kissen in den Rücken, bevor sie sich in eine ihrer Lieblingsshows vertiefte – M•A•S•H. Über die lustigen Abenteuer der Akteure, die in der Gunst der Zuschauer ganz oben an der Spitze standen, mußte sie laut lachen. Der derbe, zynische Humor der Show gefiel ihr genau wie die Realitätsnähe der Serie – aber bald sollte sie mit einer Wirklichkeit konfrontiert werden, die ihr Leben bedrohen würde.

Es war zwei Uhr zwanzig morgens, als der kleine Sean aus seinem tiefen Schlaf erwachte. Zuerst dachte er, er träume, als er etwas Kaltes, fast Feuchtes fühlte, das auf sein Gesicht und seinen Mund gepreßt wurde. Dann meinte er zu ersticken, als eine Kordel sich um seinen Hals festzog.

Aber es war kein Traum, sondern ein schrecklicher Alptraum. Für den Bruchteil einer Sekunde hielt er die Augen fest geschlossen und hoffte, daß alles nur Einbildung wäre. Schon bereitete es ihm jedoch Schwierigkeiten zu atmen, und seine Kehle fühlte sich an, als ob sie gleich explodieren würde. Er riß die Augen auf ...

Und erblickte den Schrecken in seiner reinsten Form. Keine Kobolde, keine bösen Hexen, keine realistischen Videofilme, bei denen einem ein Schauer über den Rücken lief, über die man später aber lachen konnte. Nur eine Hand in einem Lederhandschuh, die mit aller Macht auf sein Gesicht drückte. Dann die zweite Hand, die einen Augenblick lang an seinem Hals herumfummelte. Seans erster Schrei war gedämpft, aber dann lockerte der Angreifer den Druck für einen Augenblick, weil er die Schlinge um den Hals noch fester ziehen wollte.

Noch einen Atemzug, dachte Sean. Er konnte das Geschehen um sich herum nur noch verschwommen wahrnehmen, weil er nicht genug Sauerstoff bekam. Dann schrie er gellend, denn das war seine einzige und letzte Chance. Sean legte all die Kraft seines kleinen Körpers und seiner Seele in diesen Schrei, und er hatte den gewünschten Erfolg. Der Eindringling rannte aus dem Zimmer.

Was ging hier vor sich?

Zuerst lagen die beiden Jungen ganz ruhig da und hatten Angst, sich zu bewegen. Sie wußten einfach nicht, was sie tun sollten. Vielleicht war es das Gescheiteste, einfach wieder einzuschlafen – und wenn sie am Morgen aufwachten, würde sich alles nur als böser Traum herausstellen.

Bumm.

Es hörte sich an, als explodiere ein Knallkörper im Schlafzimmer ihrer Mutter, und die beiden Jungen waren vor Angst ganz starr, denn jetzt wurde ihnen bewußt, daß der Angriff auf sie vor ein paar Augenblicken Realität gewesen war. Sie rannten in das Schlafzimmer ihrer Mutter, in jenes Zimmer, in das sie früher immer gelaufen waren, um sich bei den Eltern Trost zu holen, wenn sie einen bösen Traum gehabt hatten. Doch jetzt würden sie einem viel schlimmeren Alptraum begegnen – der Realität.

Der Beschützerinstinkt gegenüber ihrer Mutter stand jetzt jedoch an erster Stelle. Als sie durch den Flur liefen, begegneten sie einer großen, schattenhaften Figur, die an ihnen vorbei die Treppe hinuntereilte und das Haus durch die Haustür verließ.

Christine lag mit dem Gesicht nach unten auf dem Bett und bot einen Anblick, der jeden mit Schauder erfüllt hätte, ganz besonders aber zwei kleine Kinder. Im Schlafzimmer wurden sie Zeugen der Folgen eines Mordes – und das Opfer war ihre Mutter.

Um ihre eine Hand war eine Wäscheleine gewickelt – offenbar hatte das Opfer mit dem Angreifer gekämpft, und an der rechten Schulter klaffte eine große Schußwunde. Dort war das Fleisch aufgerissen worden, so daß der Knochen sichtbar war. Der schlimmste Anblick jedoch war das blaue Halstuch, mit dem ihr Mund geknebelt war und das ihr Gesicht in tausend Angstfalten zu verzerren schien. Gott sei Dank waren ihre Augen geschlossen, so daß diese unschuldigen Kinder nicht die Furcht sahen, die für immer in sie eingebrannt war.

Wie kann ein Kind auf eine solche schreckliche Szene reagieren? Kinder sind emotional nicht reif genug, um mit einer solchen Situation fertigzuwerden. Warum sollten ihre Eltern sie auch auf ein derart schreckliches Geschehen vorbereiten? Niemand erwartet, daß ihnen je etwas so Schreckliches passieren wird.

Sean alterte um zehn Jahre in jenen ersten Sekunden, als er vor der blutigen Leiche seiner Mutter stand. Verzweifelt versuchte er, das Blut, das aus Christines Schulterwunde drang, zu stillen. Gottlob versuchte er nicht, ihren Körper umzudrehen, denn dann hätte er das ganze schreckliche Ausmaß dieser Wunde gesehen, die ein einziger Schuß aus einer Waffe vom Kaliber 38 aus kürzester Entfernung in den Rücken verursacht hatte. Die Kugel war vom Schulterblatt abgeprallt und hatte direkt das Herz getroffen, so daß dem Opfer keine Chance geblieben war.

Während Shannon wie in Trance völlig verschreckt zuschaute, versuchte Sean vergeblich, das Blut zu stillen. Wie oft war seine Mutter diejenige gewesen, die seine Verletzungen und Blutergüsse behandelt hatte. Sie hatte die Jungen getröstet, wenn es schrecklich weh tat, und hatte Pflaster auf die Wunden geklebt, wenn das Blut heraustropfte. Seine Mutter hatte immer für ihn gesorgt und ihm ihre Liebe gezeigt.

Jetzt versuchte er mutig, ihr die Liebe und Aufmerksamkeit der vergangenen elf Jahre zu entgelten. Aber egal, was er auch versuchte – er konnte sie nicht retten, denn in ihr steckte kein Lebensfunke mehr. Sie war bereits tot gewesen, bevor sie das Schlafzimmer überhaupt betreten hatten.

Ein paar Minuten später rief der kleine Junge mit zitternder Stimme den Freund seiner Mutter an, den Polizisten Stu Honeck, der ganz in der Nähe wohnte.

Die Polizei traf innerhalb weniger Minuten ein.

»Es ist einfach nicht fair, Mike. Ich kann mir nicht einmal ein paar Schuhe kaufen.«

Fred Schultz beklagte sich wieder einmal bei seinem Partner, Michael Durfee, über die Unterhaltszahlungen. Tag für Tag die gleiche Geschichte. Langsam wurde es ihm einfach zuviel.

Sie füllten gerade den Bericht über einen Einbruch aus, als das Telefon auf dem Schreibtisch klingelte und Fred den Hörer abhob. Auf der Stelle wurde er blaß, Tränen stiegen ihm in die Augen, und er ließ den Telefonhörer fallen, so daß er vom Tisch herabbaumelte.

Soeben hatte man Fred darüber unterrichtet, daß seine Ex-Frau – die Mutter seiner beiden kleinen Söhne – brutal ermordet worden war. Er war wie gelähmt und wußte nicht, was er tun sollte. Zusammengesackt saß er auf dem Schreibtisch und schluchzte in seine Hände. Weder sein Partner noch irgendwer sonst konnte ihm beistehen, aber er hatte ja Bambi. Sie war für ihn da, sie würde ihn unterstützen und ihm helfen, mit der Situation fertigzuwerden. Er brauchte ihr Mitleid und ihre Liebe, aber im Augenblick telefonierte sie gerade. Warum?

Endlich konnte er sie erreichen.

»Laurie, stell dir vor … Chris ist erschossen worden. Sie ist tot. Ich rufe sobald wie möglich zurück.«

Später sagte Bambi aus, daß sie es für einen Traum gehalten habe, als Fred sie anrief, aber in Wirklichkeit war sie es, die hinter diesem schrecklichen Alptraum steckte.

»Es war ein großer Mann mit braunrotem Haar und einem Pferdeschwanz.«

Irgendwie hatte Sean die Fassung wiedergewonnen und beschrieb den Kriminalbeamten weniger als eine Stunde nach dem schrecklichen Vorfall, wie der Eindringling ausgesehen hatte.

Der Junge berichtete, daß er eine weite grüne Armeejacke und schwarze Schuhe, wie sie zu der Uniform von Polizisten gehörten, angehabt hatte. Und einen grünen Jogginganzug. Und der Revolver hatte einen silbernen Perlmuttgriff gehabt.

Jetzt hatte die Polizei zumindest einige Anhaltspunkte.

»Es tut mir leid, Fred, aber ich muß überprüfen, ob dein Revolver in letzter Zeit abgefeuert wurde.«

Fred Schultz war verblüfft. Vor ein paar Stunden war seine Ex-Frau ermordet worden, und jetzt stand sein Partner Mike Durfee vor seiner Haustür und deutete an, daß seine eigene Dienstwaffe möglicherweise bei der Tat verwendet worden war.

»Was zum Teufel soll das?« schrie er.

Mike schluckte, denn er mußte seinen Auftrag erfüllen – aber die Verzweiflung auf dem Gesicht seines Freundes ...

»Es ist nur eine Formalität«, war die einzige Antwort, die ihm einfiel.

Bambi schaute ungerührt zu, als ihr Mann und sein Partner die Waffe sorgfältig untersuchten. Durfee fand Staub auf dem Hahn und roch an der Waffe; er suchte nach verdächtigen Anzeichen von Pulverspuren. Nichts. Diese Waffe war schon längere Zeit nicht mehr benutzt worden.

»Hör mal, Fred, wie soll ich dir das erklären? Die Waffe mußte überprüft werden.«

Fred nickte langsam. Natürlich verstand er den Grund für den Besuch seines Partners. Im Grunde war er ziemlich erleichtert, denn er wußte, auf wen alle ihre Verdächtigungen richten würden – auf seine schöne junge Frau.

Bambi zuckte nicht mit der Wimper. Sie wirkte so sexy und verführerisch wie immer, als sie schließlich zu Bett gingen, um wenigstens ein paar Stunden Schlaf zu finden.

Polizisten strahlen einen gewisse Kälte aus, wenn sie mit dem Tod konfrontiert werden. Sie begegnen ihm so oft, daß sie emotional ganz anders reagieren als der Durchschnittsbürger.

»Es ist nur eine Leiche, kein Mensch, den man kennt und liebt, und daher macht es einem nichts weiter aus.«

Ein alltäglicher Vorfall. Wenn man schließlich doch irgendwie davon berührt wird, ist es an der Zeit, sich einen anderen Job zu suchen. Der Tod von Christine Schultz hätte normalerweise so etwas bewirken können, aber Fred hatte seine Haltung schon wiedergefunden, als er aufgefordert wurde, die Leiche seiner Ex-Frau im Leichenschauhaus der Stadt zu identifizieren.

Der Polizist und seine hübsche junge Frau, die ebenfalls Polizistin gewesen war, betraten den kalten, sterilen Raum, als ob sie ihn bereits tausendmal vorher betreten hätten, was ja auch der Fall gewesen war. Aber würde es diesmal nicht anders sein? Gleich würde man ihm den brutal zugerichteten Leichnam der Frau zeigen, die ihm zwei Kinder geboren hatte. Sicherlich war das ein schwerer Augenblick für jeden Menschen – oder?

»He, Laurie, schau dir mal die Größe dieser Schußwunde an!«

Bambi war erstaunt. Egal, was sie für die Frau empfand, die da auf dem Seziertisch lag, sie war kaum in der Stimmung dazu, medizinische Kommentare zu der Größe der Verletzung abzugeben.

Aber Fred ließ nicht locker.

»Komm schon, Laurie. Du hast doch genug Leichen gesehen, als du noch bei der Polizei warst.« Aber Bambi war nicht sehr lange im Dienst gewesen und hatte es immer so einrichten können, daß sie nicht zu viele Tote zu Gesicht bekam. Doch das war jetzt unwichtig. Sie zögerte, sich die Leiche näher anzusehen, weil sie sich nicht mit der Realität der Situation auseinandersetzen wollte. Sie hatte ganz einfach Angst.

Dennoch blieb Fred hartnäckig; minutenlang studierte er die tödliche Schußwunde.

»Wow! Die Kugel hatte vielleicht eine Wirkung!«

Bambi konnte diese schreckliche Situation einfach nicht länger ertragen; sie ließ Fred mit seiner Ex-Frau allein.

Die Beamten, die Christines tragischen Tod untersuchten, waren verwirrt. All ihre Nachforschungen führten sie immer wieder zu Bambi. Schließlich hatte die junge Frau vielen Menschen erzählt, wie sehr sie Christine haßte. Derartige Drohungen waren etwas ganz Alltägliches gewesen, und Bambis Neid war ein offenes Geheimnis. Trotzdem hatte die Polizei bisher nicht den geringsten Beweis.

Selbst Fred wunderte sich und beteiligte sich recht aktiv an der Untersuchung. Einige seiner Kollegen meinten zynisch, daß er auf diese Weise die eigene Schuld verbergen wolle. Dabei wurde es Fred immer klarer, daß Bambi auf jeden Fall ein Motiv gehabt hätte, wenn nicht sogar die Möglichkeit, die Tat auszuführen.

Es gab keine Zeugen, die Bambi in jener Mainacht außerhalb der Wohnung gesehen hatten. Aber sie hatte Zugang zu Freds privater Waffe, die er bei sich zu Hause aufhob, und zu den Schlüsseln zu dem Haus, in dem seine Ex-Frau gelebt hatte. Dort gab es keine Anzeichen, daß der Mörder sich mit Gewalt Zutritt verschafft hatte.

Dann gab es eine Art Durchbruch bei den Untersuchungen: In der Entsorgungsanlage von Bambis Wohnhaus fand man eine rotbraune Perücke – und ein braunes Synthetikhaar, das man am Bein von Christine Schultz entdeckt hatte, ähnelte stark den Haaren dieser Perücke. Außerdem fand man heraus, daß ein Haar, das man an dem Knebel in Christines Mund gefunden hatte, Bambis Haar nicht unähnlich war.

Aber dies waren noch keine konkreten Beweise. Die Beamten wußten, daß Freds Privatwaffe der Schlüssel sein mußte, denn die hatte sein Partner in der Mordnacht ja nicht überprüft.

Am 18. Juni – drei Wochen nach dem Mord – holte Fred in Begleitung von Detective James Gauger seine Privatwaffe aus der Wohnung, damit sie im Kriminallabor testweise abgefeuert werden konnte.

Wieder schaute Bambi ungerührt zu, wie ihr Mann und sein Kollege den Revolver abholten, der zum erdrückendsten Beweisstück werden sollte.

Nach eingehenden Untersuchungen war man überzeugt davon, daß dies die Waffe war, mit der man Christine getötet hatte.

Am 24. Juni 1981 wurde Lawrencia Bembenek verhaftet und des Mordes an Christine Schultz angeklagt.

Im Gericht von Milwaukee wurde Bambi im Februar 1982 für diese Tat zu lebenslanger Haft verurteilt. Die Geschworenen brauchten dreieinhalb Tage für ihre Beratungen, und Richter Michael Skwierawski bezeichnete diesen Fall als den »größten Indizienfall, mit dem ich in einer Karriere je zu tun hatte«.

Nach der Urteilsverkündung wurde zwar der Versuch unternommen, Revision einzulegen, aber alle Berufungsverhandlungen brachten kein neues Ergebnis.

Im August 1990 entkam Bambi aus dem Taycheedah-Frauengefängnis in Wisconsin. Bei ihrer Flucht half ihr der attraktive Bruder einer Mitinsassin. Die beiden hatten sich ihre Liebe gestanden, bevor Bambi wagemutig die Flucht ergriff.

Die hübsche Ex-Polizistin beteuerte noch immer ihre Unschuld, als sie drei Monate später in Thunder Bay, Ontario, in Kanada festgenommen wurde. Sie hatte einen Job als Serviererin angenommen und lebte mit ihrem Geliebten unter falschem Namen.

Kurz vor ihrer Flucht war Bambi von einem Journalisten gefragt worden, was sie in der ersten Stunde in Freiheit tun würde, und sie hatte geantwortet: »Mit einem Mann schlafen.«

Der Galgen im Gewächshaus

Alles in Dagenham, Essex, sah gleich aus – die Häuser, die Gärten, die Straßenbeleuchtung. Selbst die Haustüren waren alle in derselben Farbe gestrichen.

Heathway war eine der typischen Straßen dieses Vororts von London, mit Wohnhäusern, die zwischen dem Ersten und Zweiten Weltkrieg errichtet worden waren und in denen die immer schneller wachsende Bevölkerung der Hauptstadt unterkam. Die einst ordentlichen Reihen mit den Doppelhaushälften wirkten bereits schäbig. In Dagenham gab es jedoch noch andere Probleme – etwa die Lage des Ortes. Als die örtlichen Fordwerke in den sechziger Jahren täglich Hunderte von Autos produziert hatten, war es den Bewohnern gut gegangen, aber dann kam es zu Entlassungen. Viele tausend Bewohner von Dagenham standen plötzlich ohne Arbeit da. Diese Zeit bedeutete einen Wendepunkt in dem Schicksal der Stadt, und heute ist der Ort nur noch dafür berühmt, daß der Filmstar Dudley Moore hier geboren wurde.

Aber eines hat Dagenham sich bewahrt – seinen Ruf als typischer Londoner Vorort der unteren Mittelklasse. Hier lernen bewaffnete Räuber, wie man eine Schrotflinte absägt, und obwohl an fast allen Fenstern zur Straßenseite hin Netzgardinen hängen, werden hinter dieser kleinbürgerlichen Fassade Tausende von Sünden begangen.

Heutzutage halten die Ehen in Dagenham nicht mehr lange, und Familien werden häufig durch Scheidungen auseinandergerissen. Unter Nachbarn herrschen oft erbitterte Fehden, aber dennoch versuchen die Anwohner einer Straße wie Heathway den äußeren Schein zu wahren. Auch wenn es sich nur um eine schmuddelige, enge Straße handelt, die mit Abfällen übersät ist, bietet sie doch auch Hunderten von gesetzestreuen Durchschnittsbürgern ein Zuhause.

Auch Barbara Miller lebte dort, obwohl sie eigentlich gar nicht hierher paßte. Ihre Eltern, George und Gladys, fragten sich bisweilen, wie sie zu solch einer Tochter gekommen waren, denn sie verhielt sich ganz anders als ihre übrigen fünf Kinder.

Es fing damit an, daß Barbara kein Mädchen sein wollte. Ihr ganzes Leben lang hatte sie sich danach gesehnt, ein Junge zu sein. Sie spielte Fußball und Cricket, kletterte auf Bäume und trug das dunkle Haar immer kurz geschnitten. Je länger sie die anderen Kinder zum Narren halten konnte, desto mehr wurde sie akzeptiert, aber natürlich fanden die Jungen ihr Geheimnis schließlich heraus – und das brach Barbara das Herz.

Dies war jedoch nichts im Vergleich zu dem, was Barbara erlebte, als sie gerade vier Jahre alt war. Es war ein Vorfall, von dem für immer Narben zurückblieben und der mitverantwortlich war für die Qualen und das Leid der folgenden Jahre.

Bis zu diesem Vorfall war sie immer ein freundliches kleines Mädchen gewesen, und es überraschte niemanden weiter, daß sie sich mit einem der Gärtner in ihrem Lieblingspark anfreundete. Oft erhielt sie Süßigkeiten von dem Mann, und Barbara dachte sich nichts weiter dabei. Doch der Mann hatte Böses vor. Er wußte genau, was er tat, als er die kleine Barbara zu einem einsam gelegenen Teil des Parks führte und ihr dort die Kleidung vom Leib riß.

Als das verschreckte Kind später verzweifelt in der Gegend umherirrte, hatte ein einschneidende Veränderung in ihrem Charakter stattgefunden und ein verderblicher Prozeß hatte eingesetzt.

Nach dem Vorfall änderte sich Barbaras Leben in seinem weiteren Verlauf grundlegend. Irgend etwas schien mit dem Mädchen nicht in Ordnung zu sein, doch in Dagenham ging man mit Außenseitern nicht gerade zärtlich um, und so quälte sich Barbara nur im geheimen mit der Erinnerung an den schrecklichen Angriff auf ihren unschuldigen Körper herum.

Immer wieder wurde sie von anderen Kindern verprügelt.

Unablässig neckte man sie wegen ihrer Haare, wegen ihrer schiefen Zähne und weil sie ein Mädchen war. Nur zu gerne wäre sie ein Junge gewesen, um den anderen eine Lektion zu erteilen. Sie war überzeugt davon, daß dieses Ungeheuer sie nicht mißhandelt hätte, wenn sie ein Junge gewesen wäre. Dieser Mann war die Wurzel allen Übels.

Barbara fraß all diese Gedanken in sich hinein und erzählte ihren Eltern nie davon. Sie wollte die Tatsache, daß sie ein Mädchen war, einfach nicht akzeptieren. So wurde sie weiter von den anderen verprügelt, was ihre Seele mit immer mehr Haß verätzte. Barbara hatte bestimmte Leute schon immer verachtet, aber jetzt hegte sie Zorn gegen die ganze Welt.

Vielleicht hätten George und Gladys etwas unternehmen sollen, denn die Anzeichen konnten ihnen nicht verborgen bleiben. Aber wie so viele Eltern sagten sie lieber nichts, denn wenn sie das Problem ignorierten, würde es sich vielleicht von alleine lösen. Überdies hatten sie Angst, daß sie Barbara möglicherweise nur einen weiteren Anlaß zur Selbstzerstörung liefern würden. Außerdem konnte das Mädchen seine Gefühle einfach nicht in Worte fassen.

Alle Menschen hielten Barbara für ein wildes und rücksichtsloses Mädchen, aber in Wirklichkeit nagten in ihrem Innern Schuldgefühle. Sie hielt sich für einen Schwächling, denn sie hatte versagt, als sie zuließ, daß dieses Tier sie mißbrauchte.

Barbara war der Meinung, daß ihr Leben sowieso völlig verdorben sei – also würde sie es auch in sexueller, körperlicher und moralischer Hinsicht so zu Ende leben. Mitte Zwanzig bereits hatte Barbara jegliches Selbstwertgefühl verloren. Ehrgeizige Pläne hatte sie aufgegeben, denn für eine junge Frau wie sie gab es nur wenige Arbeitsmöglichkeiten. Sie wußte, daß sie nichts zu verlieren hatte.

Sex war das einzige Vergnügen in Barbaras Leben, und sie sehnte sich Tag und Nacht danach, obwohl es der Sex gewesen war, der in ihrem Leben schon in so jungen Jahren Schaden angerichtet hatte. Was alles noch schlimmer machte, war die Tatsache, daß sich nur wenige Männer für sie

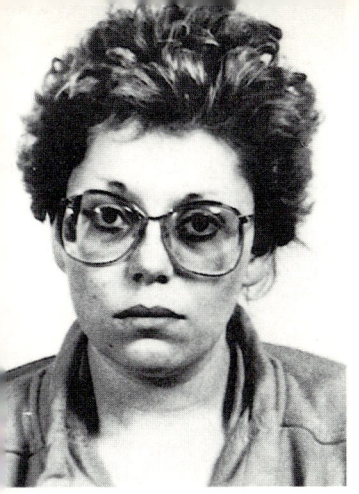

Schuldig: Maria Gruber

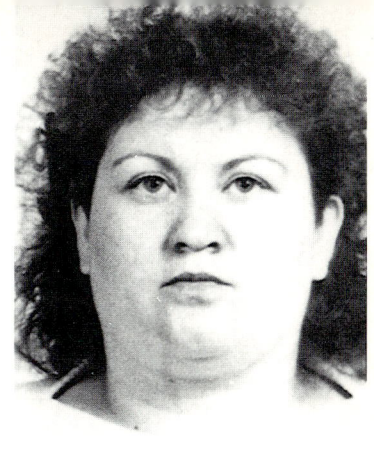

Schuldig: Waltraud Wagner

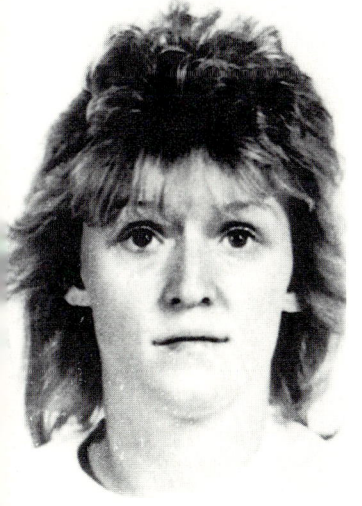

Schuldig: Irene Leidolf

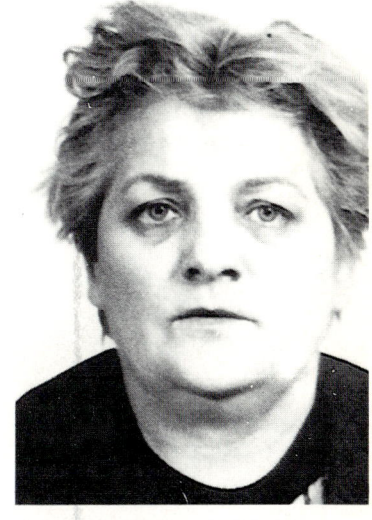

Schuldig: Stephanie Mayen

Oben: Die vier Todesschwestern

Das Haus in Addison, Illinois, in dem Clarence Benkowski
erschossen wurde.

Detective Sergeant Tom Gorniak von der Addison Police,
der Judy Benkowski sofort verdächtigte.

interessierten. Wenn sie mit dem kurzgeschnittenen Haar, in Jeans, T-Shirt und derben Schuhen vorbeiging, drehten sich nicht viele Köpfe nach ihr um. Als junges Mädchen konnte sie Jungen nur gewinnen, wenn sie ihnen buchstäblich alles versprach, damit sie mit ihr ausgingen. Ihre Einstellung zum Leben wurde für immer von jener ersten schrecklichen Erfahrung und später als Jugendliche durch den Sex hinter Fahrradschuppen und in stillgelegten Bahnhöfen geprägt.

Manchmal stellten sich mehrere Jungen in einer Reihe auf und hatten nacheinander mit ihr Geschlechtsverkehr. Sie wußte, daß dies nicht richtig war, aber zumindest waren sie nett zu ihr, bevor sie sich ihnen hingab. Doch wenn alles vorbei war, behandelten diese Jungen sie meist furchtbar. Am schlimmsten jedoch war, daß sie sie am nächsten Tag auf dem Schulhof nicht einmal grüßten. Dann hatte sie das Gefühl, als existiere sie gar nicht, und das war unerträglich für sie. Oft ging sie auf die Toilette, um zu weinen, aber bald lernte sie, ihre Tränen zu unterdrücken. Die Welt haßte sie, und sie haßte die Welt. Was hatte es denn für einen Zweck, sich deshalb aufzuregen?

Als Barbara mit fünfzehn Jahren von der Schule abging, fuhr sie bereits regelmäßig in die Londoner Innenstadt. Sie machte in der Schule blau, nahm die lange Fahrt in der U-Bahn bis zum Piccadilly Circus auf sich, spazierte durch die Straßen und betrachtete die Lichter der Großstadt. Mit ihrem kurzen Haar und der Kleidung, die sie normalerweise trug, konnte sie sich sogar die Zuhälter vom Leib halten, die sich normalerweise an junge Mädchen wie Barbara heranmachten. Ihre schiefen Zähne und die kalten, dunklen, starrenden Augen wirkten wie ein Schild um ihren Hals, auf dem stand: »Vorsicht – Gefahr.«

Barbara war jedenfalls nicht daran interessiert, ihren Körper zu verkaufen. Sie war von diesen Tieren bereits so schrecklich mißbraucht worden, daß es ihr bald egal war, ob sie jemals wieder mit einem Mann schlafen würde. Wenn dies die Art der Männer war, so hatte sie kein Interesse mehr an ihnen.

Doch das kurzgeschnittene Haar und das jungenhafte Aussehen zog eine andere Sorte von Menschen an. Es waren Frauen, und die mißbrauchten sie nicht und taten ihr auch nicht weh. Statt dessen verführten sie sie sanft mit ihrer liebevollen, fürsorglichen und sinnlichen Art. Sie berührten sie zärtlich, nicht grob, erforschten ihren Körper und schenkten ihr Vergnügen. Zum ersten Mal in ihrem Leben erfuhr Barbara, was es bedeutete, seinen Körper mit einem anderen Menschen zu teilen, statt sich einem brutalen Kerl, der nur seine Befriedigung suchte, total hinzugeben. Als sie achtzehn Jahre alt war, erkannte Barbara, daß die zarten und fürsorglichen Zärtlichkeiten einer anderen Frau viel besser waren als Sex mit einem Mann.

Damals war sie immer diejenige, die von älteren Frauen verführt wurde. Man gabelte sie in Clubs und Bars auf, und es wurden nicht viele Worte gemacht. Beide Beteiligten wußten, was die andere wollte, und Barbara war eine bereitwillige Partnerin. Sie erlebte etwas, das sie in ihrem ganzen Leben noch nicht erfahren hatte – Gefühle mit einem anderen Menschen zu teilen, zu geben und zu nehmen.

Aber als sie älter wurde, kam es immer seltener zu solchen Begegnungen. Offenbar waren die Frauen nicht mehr an ihr interessiert, weil sie kein Teenager mehr war. Es schien, daß diese Frauen nur Interesse an »jungem Fleisch« hatten und nicht an älterem. Und Barbara alterte schnell. Als sie fünfundzwanzig Jahre alt war, wirkte sie fast wie eine Vierzigjährige. Das Leben forderte seinen Tribut, und sie wußte dies nur zu gut.

Barbara erkannte auch, daß sie eine neue Einstellung finden mußte, wenn sie weiter gute Partnerinnen finden wollte. Zu dieser Zeit hatte sie sich die Haare wachsen lassen. Vielleicht war das ein Fehler gewesen? Zum ersten Mal in ihrem Leben wirkte sie ganz wie eine Frau. Hielt das etwa mögliche Freundinnen ab?

Also beschloß Barbara, sich wieder ganz so wie früher zu geben. Sie stutzte ihr Haar, so daß man sie fast für einen Skinhead halten konnte, und trug weite Hemden, kurze, maskuline Windjacken und bequem sitzende Jeans, die ihre verräterischen Kurven nicht preisgaben. Ihr Aussehen schien perfekt. Jetzt mußte sie nur noch die geeigneten Mädchen finden.

Damals lebte Barbara wieder bei ihren Eltern. Weil sie sexuell nicht aktiv war, hatte sie sich eine Zeitlang zurückgezogen, aber jetzt hoffte sie, daß ihr Plan funktionieren würde. Sie wollte sich Mädchen suchen, die noch unerfahren waren, denen sie einiges beibringen konnte und denen sie ihren Liebe schenken konnte.

»Mum, das ist Bobby. Er geht heute nachmittag mit mir ins Kino.«

Jackie war gerade erst sechzehn Jahre alt. Sie hatte schon einige Freunde gehabt, die sie jedoch nur benutzten und mißbrauchen wollten. Nie versuchten diese Jungen, Zärtlichkeit und Bewunderung zu zeigen, stets verlangten sie nur das eine.

Gerade stellte Jackie ihrer Mutter »Bobby« vor. Barbara Millers Verkleidung als junger Mann war äußerst überzeugend, solange sie nicht den Mund aufmachte.

Barbara – oder vielmehr »Bobby« – nickte Jackies Mutter zum Gruß nur kurz zu, aber sie konnte nicht umhin, den Körper der Mutter ihrer neuen Freundin zu betrachten. Ihre Augen glitten über ihren Busen hinunter zu ihren Schenkeln und hielten an dem Venushügel inne, der sich durch die hautenge Jeans klar abzeichnete.

Jackies Mutter fing »Bobbys« Blick auf, als der Freund ihrer Tochter sie so in seiner Phantasie auszog und begehrte, und genoß seine Bewunderung. Sie konnte sich vorstellen, was »er« dachte und fühlte sich sehr geschmeichelt. Wenn sie nur gewußt hätte, daß der »Freund« ihrer Tochter in Wirklichkeit eine erwachsene Frau war ...

Liebevoll schaute sie Jackie und »Bobby« hinterher, als die beiden an diesem heißen Sommernachmittag im Jahr 1987 Hand in Hand den Gartenweg hinuntergingen. Die beiden lachten und schienen so glücklich. Was für ein hübsches Paar, dachte sie.

Jackie und Barbara lachten, ja, sie gaben sich fast hysterisch.

»Sie ist drauf reingefallen. Ich kann es einfach nicht glauben. Sie ist tatsächlich drauf reingefallen!« Barbara hielt Jackies Hand fest – sie würde die neue Freundin nie mehr loslassen ... nie mehr.

Als sie die Straße entlangschlenderten, wollte Barbara sichergehen, daß Jackie genau wußte, was auf sie wartete, und sie begann, die Handfläche von Jackies Hand mit zwei Fingern zu kitzeln. Ganz sanft kratzte und kitzelte sie. Dann stieß sie ihren Zeigefinger tief in Jackies zusammengeballte Hand. Immer wieder stieß sie ihn hinein und zog ihn dann heraus. Barbara wollte ganz sicher sein, daß dieses hübsche junge Mädchen mit der seidigen Haut ihre Botschaft verstand.

Jackie lachte, als sie spürte, wie Barbaras Finger sich bewegte. Auf der Stelle beugte sie sich vor und küßte den Finger.

»Ich kann es gar nicht erwarten ...«

Das Fernsehen plärrte, aber niemand schaute hin. Eine Katze lag zusammengerollt vor dem Kamin und wartete auf Aufmerksamkeit und Fürsorge. Die Messingpferde auf dem gefliesten Kaminsims hätten etwas Pflege vertragen können, und der Teppich mit dem roten Schnörkelmuster war an einigen Stellen dünn und an den Rändern ausgefranst. Plötzlich, von einem Fuß getroffen, fiel eine Stehlampe um.

»Scheiße.«

Barbara Miller richtete sich auf, um Luft zu holen. Sie wußte, daß ihre Eltern wütend sein würden, wenn sie nach Hause kamen und eine Lampe kaputt war.

Unter ihr lag Jackie auf dem Sofa. Beide waren nackt.

»Los, Bobby. Komm schon.«

Barbaras kurze Pause war vorüber. Sie betrachtete den straffen jungen Körper unter sich und wußte, daß sie mehr haben mußte. Sie konnte einfach nicht anders.

Die beiden Lippenpaare trafen aufeinander. Barbara öffnete ihren Mund so weit sie konnte und spürte Jackies feuchte Zunge, die tief in ihren Mund eindrang und ihn erforschte.

»Weiter. Weiter …«

Barbara befahl ihrer jungen Geliebten, ihren Mund noch mehr zu öffnen. Es gefiel ihr, mit der Zunge über den Gaumen des jungen Mädchens und dann über die glatten Zähne zu fahren.

Sex mit einer Frau war viel besser als mit einem Mann, dachte Barbara, und Jackie empfand genau in diesem Augenblick dasselbe. Vorhin hatten die beiden bereits zweimal den Höhepunkt erreicht, und jetzt bewegten sie sich auf ein drittes Crescendo der Lust zu. Nichts konnte sie aufhalten. Langsam fuhr Barbara mit ihrer Zunge über Jackies Hals. Alle paar Zentimeter hielt sie inne, um die weiche, glatte Haut zu küssen und an ihr zu saugen. Dann arbeitete sie sich weiter nach unten zu den Brustwarzen des Mädchens vor. Zuerst saugte sie nur zärtlich an ihnen, aber dann nahm sie sie zwischen die Zähne und biß zu. Jackie stieß einen leichten Schrei aus, der gleichermaßen ein Zeichen von Schmerz oder Vergnügen sein konnte. Barbara achtete nicht weiter darauf und biß wieder zu, aber diesmal kräftiger und länger. Dann hob sie den Kopf und beobachtete, wie die Geliebte schmerzerfüllt das Gesicht verzog, was sie noch mehr befriedigte. Jetzt war Jackie an der Reihe. Sie lag zwar unter Barbara, das hinderte sie jedoch nicht daran, weiter nach unten zu rutschen. Am Nabel der älteren Geliebten hielt sie inne und begann daran zu saugen, so daß Barbara ein Stechen im Bauch verspürte, was zu einer merkwürdigen Mischung von Gefühlen führte. Das gefiel ihr gar nicht, und sie stieß den Kopf der jungen Geliebten noch weiter nach unten.

Es war noch nicht vier Uhr, als Barbara – oder vielmehr »Bobby« – die junge Geliebte nach Hause begleitete. Wieder hielten sie sich fest an den Händen, als sie sich langsam und verliebt auf den Weg zu Jackies Hause machten.

Jackies Mutter stand bereits am Fenster und wartete auf die geliebte Tochter. Aber diesmal lag kein Lächeln auf ihren Lippen, kein freudiger Blick wie zuvor, als die beiden ausgegangen waren. Statt dessen schaute sie zornig drein, denn sie war angewidert und schockiert.

Ein paar Minuten zuvor hatte Jackies Mutter auf der Straße ihre Nachbarin Vivienne Elliot getroffen, die ihr von »Bobbys« Geheimnis berichtet hatte. Der »Freund« ihrer Tochter war eine Frau, ein böse Frau, die gerade ihr unschuldiges Kind verführt hatte.

Barbara spürte, daß irgend etwas nicht in Ordnung war, als wütend die Haustür aufgerissen wurde.

»Du verdammte Lesbe. Wag dich nicht noch einmal in die Nähe meiner Tochter. Verstanden?«

Barbara hörte laut und klar, was Jackies Mutter da sagte. Aller Mut verließ sie, und sie wußte nicht, was sie erwidern sollte. Es würde kaum klappen, Jackies Mutter zu bluffen, offensichtlich war ihr Geheimnis verraten worden. Aber sie mußte wissen, wer sie verraten hatte. Wer konnte so gemein sein? Sie mußte herausfinden, wer es gewesen war, aber wahrscheinlich gab es nur einen Menschen, der so etwas Niederträchtiges tun würde. Nur sie konnte es gewesen sein.

Vivienne Elliot war überzeugt davon, daß Barbara sich mit ihrem ersten Mann eingelassen hatte, und das paßte ihr ganz und gar nicht. Sie war zwar schon lange zum zweitenmal verheiratet, aber das spielte keine Rolle. Er war noch immer ihr Eigentum, und es gefiel ihr nicht, daß so ein Wildfang wie Barbara an ihm herumschnüffelte.

Ironischerweise war Barbara tatsächlich mit ihm befreundet. Sie hatte eine Verbindung zu ihm aufbauen wollen, weil sie verzweifelt versuchte, sich zu ändern. Sie wollte einem Mann – egal, wer es war – eine letzte Chance geben, zu beweisen, daß Männer in Wirklichkeit doch nicht so schlecht waren. Es konnten doch nicht alle so sein wie jenes Ungeheuer im Park vor vielen Jahren, oder wie diese rücksichtslosen Jungs, die sich dabei abgewechselt hatten, ihren Körper zu mißbrauchen. Sicher waren nicht alle so schlimm, oder?

Doch jetzt hatte die Ex-Frau dieses möglichen Freundes Barbara genau den Beweis geliefert, den sie brauchte. Männer waren es einfach nicht wert, sich mit ihnen einzulassen.

»Wag dich nicht noch einmal hierher. Und wenn ich sehe, daß du dich mit Jackie auch nur unterhältst, bring' ich dich um.«

Barbara war wie am Boden zerstört. Sie drehte sich um und machte sich auf den Heimweg; in ihrem Innern fühlte sie sich wie tot. Endlich hatte sie wahre Liebe und Lust gefunden, doch alles war vergeblich gewesen. Das junge Glück war von einer bösen Frau, der ihre Gefühle völlig egal waren, zerstört worden.

Doch Barbara war nicht wütend auf Jackies Mutter, denn sie verstand ihre Reaktion, die völlig vernünftig war, nur allzu gut. Schließlich hatte sie gerade ihre sechzehnjährige Tochter verführt.

Nein, es war Vivienne Elliot, auf die Barbara all ihren Haß konzentrierte, auf die Frau, die gerade ihr Liebesabenteuer zerstört und ihr die einzige Freude genommen hatte. Barbara hatte das Gefühl, daß die Stunden, in denen sie sich mit ihrer jungen Freundin geliebt hatte, nur ein Traum gewesen waren, so als habe sich alles nur in ihrer Phantasie abgespielt. Diese Frau hatte die erste Beziehung in Barbaras Leben, die ihr wirklich etwas bedeutete, zerstört.

Barbara schäumte vor Wut, als sie nach Hause stürmte. Die Welt um sie herum bestand nur aus einem Nebel weit entfernter Bilder, und in ihrem Kopf machte sich ein stechender, anhaltender Schmerz breit. Er hämmerte in ihrem Kopf und vergiftete ihn mit bösen Gedanken und Plänen. Sie mußte etwas tun – sie mußte diese Frau vernichten.

Barbara saß im Dunkeln, als kurz darauf Karen Miller das Haus betrat.

»Was ist los, Kusine? Du bist ja leichenblaß.«

Zuerst antwortete Barbara nicht, denn in ihrem Kopf jagten sich noch immer schreckliche Gedanken.«

»Komm schon, Babs. Sag mir, was los ist.«

Karen war wahrscheinlich der einzige Mensch in Barbaras Leben, der ihr je zuhörte. Sie hatte fast ihr ganzes Leben lang bei den Millers gewohnt, weil ihre eigenen Eltern sie verlassen hatten, und sie nannte Barbara »Kusine«, obwohl sie in

Wirklichkeit ihre Nichte war; bisweilen verhielten sich die beiden eher wie Schwestern.

Barbara schaute zu Karen auf und fragte sich, ob sie ihr Herz ausschütten sollte. Diese Gelegenheit bot sich nicht alle Tage, denn schließlich war die Einsamkeit eins der größten Probleme in ihrem Leben. Nie gab es jemanden, dem sie sich anvertrauen konnte.

»Ich glaube nicht, daß du das wirklich hören willst, Karen.«

»Natürlich will ich das, Kusine. Los, komm! Erzähl mir alles.«

In diesem Augenblick beschloß Barbara, eine lebenslange Gewohnheit zu brechen.

»Hallo, Vivienne. Hier ist Karen Miller. Hättest du ein paar Minuten Zeit für einen Plausch?«

Barbara und ihre Nichte hatten einen Plan ausgeheckt, um Vivienne zu vernichten, und dies war Stufe eins.

»Super. Bis gleich dann.«

Karens Gesicht leuchtete, als sie den Hörer wieder auflegte. Auf dem Sofa – dem gleichen Sofa, auf dem Barbara noch ein paar Stunden zuvor ihre Freundin leidenschaftlich geliebt hatte – besprachen sie den nächsten Teil ihres Plans. Zufälligerweise waren Barbaras Eltern den ganzen Tag unterwegs, und die beiden Mädchen hatten alle Zeit, die sie brauchten, um sich an Vivienne zu rächen.

Vivienne Elliot war nicht gerade eine Frau mit Sex-Appeal. Sie trug eine Nickelbrille und bevorzugte den Kleidungsstil der siebziger Jahre, so daß sie keinen besonders sinnlichen Eindruck machte. Dennoch mußte an ihr irgend etwas Besonderes sein, denn es mangelte ihr nie an Freunden. Manchmal hatte sie auch zwei oder drei.

Mit ihren vierunddreißig Jahren und vier Kindern, die alle einen anderen Vater hatten, wußte Vivienne offensichtlich das Leben zu genießen.

Ihr Appetit schien grenzenlos, und deshalb genoß sie in Dagenham einen beinah schon legendären Ruf. Am liebsten besuchte sie die Kneipen und Clubs des Ortes, wo sie dann herausgeputzt auftauchte: Meistens trug sie ihre Lieblingsstiefel, die bis über die Knie reichten und hohe Plattformsohlen hatten, und einen superkurzen Minirock. Irgendwie endete der Abend fast immer damit, daß sie einen neuen Mann im Schlepptau hatte.

Tagsüber gab sie sich in der kleinen Sozialwohnung, in der sie mit ihren Kindern lebte, oft ihrem Sexualtrieb hin. Besonders gern mochte sie Schuljungen, und die Nachbarn schauten erstaunt zu, wie ständig Jugendliche in das Haus strömten.

Vivienne liebte die Kunst der Verführung und zog die nervösen, zitternden Jungen in ihr Schlafzimmer, nachdem sie sich ihnen im Wohnzimmer nur mit Strümpfen und einem Strumpfhalter bekleidet gezeigt hatte.

Dann zog sie die Jungen aus und bemutterte sie, bevor sie sie in der Liebeskunst unterrichtete. Hin und wieder gelangte sie auch an erfahrene Jungen, aber die mochte sie nicht besonders, weil sie die Situation dann nicht völlig unter Kontrolle hatte. Es gefiel ihr gar nicht, wenn diese Jungen versuchten, sie zu beherrschen, und sie lud sie kein zweites Mal ein.

Am liebsten waren ihr die ganz unschuldigen Jungen, die sie formen und verführen konnte, die alles taten, was sie befahl. Manchmal fesselte Vivienne diese unerfahrenen Kinder ans Bett, um ganz sicherzugehen, daß sie nicht versuchen würden zu flüchten.

Einmal hatte sie einen Jungen von Kopf bis Fuß gefesselt und ihm dann noch einen Knebel in den Mund gestopft, bevor sie einkaufen ging. Unterwegs konnte sie an nichts anderes denken als an den jungen Körper, der zu Hause auf sie wartete.

Als sie endlich wieder daheim war, geriet sie vor Ungeduld fast außer sich. Sie ließ die Einkaufstüten im Wagen liegen und eilte hinauf ins Schlafzimmer, wo der Junge schon halb erstickt war. Eilig zog sie ihm den Knebel aus dem Mund und nahm ihn dann her, ohne seine Fesseln zu lösen.

Abgesehen von ihrem extravaganten Verhalten war Vivienne auch sonst ein sehr besitzergreifender Mensch. Selbst ihren ersten Mann wollte sie noch kontrollieren. Manchmal gestattete sie es ihm, sie zu verführen, obwohl sie schon seit langem geschieden waren. Und es gefiel ihr gar nicht, daß Barbara Miller aufgetaucht war. Aber diese Frau würde jetzt keine Bedrohung mehr darstellen, denn Vivienne hatte dafür gesorgt, daß alle – einschließlich Jackies Mutter – wußten, daß Barbara lesbisch war. Das sollte ihr eine Lehre sein.

Als Vivienne sich auf den Weg zu Karen Miller machte, fragte sie sich, ob das Mädchen deshalb mit ihr reden wollte, denn sie wußte, daß Karen wahrscheinlich der einzige Mensch war, dem Barbara vertraute.

»Hallo, Vivienne. Schön, daß du Zeit hast.«

Karen begrüßte Vivienne Elliot so herzlich wie eine gute Freundin, als sie das Haus der Millers betrat, und als sie im Wohnzimmer stand, deutete nichts auf die schrecklichen Ereignisse hin, die folgen sollten.

»Möchtest du eine Tasse Tee?«

Die Frage klang wie Musik in Viviennes Ohren, denn sie hatte bereits einen harten Tag hinter sich, nachdem sie die Kinder für die Schule hergerichtet, den wöchentlichen Einkauf erledigt, das Haus geputzt und mit dem hübschen vierzehnjährigen Jungen geschlafen hatte, der etwas weiter die Straße hinauf wohnte.

»Ich würde gerne eine Tasse Tee trinken«, sagte Vivienne, aber dieser Wunsch sollte sich nie erfüllen. Karen verschwand in der Küche, während Vivienne auf dem Sofa wartete, auf dem kurz zuvor der Plan für ihre Vernichtung ausgeheckt worden war.

Karen war aufgeregt. Sie hatte keine Sekunden gezögert, als Barbara sie in ihren Plan eingeweiht hatte. Ihrer Meinung nach verdiente Vivienne es nicht besser, denn Karen hatte die Frau im Verdacht, daß sie mit ihrem letzten Freund geschlafen hatte. Da war es nur logisch, daß sie und Barbara beschlossen hatten, Vivienne für immer den Garaus zu machen.

»Sie ist da. Bleib im Garten. Ich werde sie irgendwie hinauslocken.«

Karen war in der Küche und flüsterte, weil Vivienne nichts hören sollte. Barbara stand ganz ruhig da, aber ihr glasiger Blick sagte alles. Ihr Körper zitterte voller Erwartung, denn Viviennes Ende war nah.

»Komm doch bitte mal in den Garten. Ich möchte dir etwas zeigen.«

Vivienne hatte nicht die geringste Chance, als sie in den kleinen Garten trat. Karen war die erste, die auf die Frau einschlug: Sie drehte sich um und zielte mit der Faust direkt auf Viviennes Gesicht. Man konnte das Knirschen hören, als sich das Brillengestell verbog und die Brille zu Boden fiel.

Vivienne hatte Barbara, die mit einem Nudelholz hinter ihr stand, nicht einmal gesehen, als das Holz den Bruchteil einer Sekunde später auf ihrem Kopf aufschlug. Dies war erst der Anfang, denn es sollten noch einige Schläge folgen.

Nach Barbaras Angriff sackte Vivienne auf dem gepflasterten Gartenpfad zusammen. Die beiden Frauen waren überrascht: Sie hatten nicht erwartet, daß ihr Opfer bereits nach einem Schlag mit dem Nudelholz das Bewußtsein verlieren würde.

Einen Augenblick lang standen sie wie erstarrt da, und Enttäuschung machte sich auf Barbaras Gesicht breit, denn sie hatte sich darauf gefreut, immer wieder auf den Schädel ihrer Feindin einzuschlagen. Nur zu gerne hätte sie gesehen, wie sich Viviennes Gesicht vor Schmerz verzog, während sie auf sie einhieb.

Statt dessen lag ihr Opfer zusammengesackt auf dem Boden.

»Los, komm. Wir wollen sie ins Gewächshaus schaffen.«

Barbara hatte die Situation jetzt im Griff. Dies war ihr Plan, und sie genoß die Verantwortung, denn sie konnte nicht oft etwas so Realistisches tun.

Karen und Barbara verspürten nicht die geringsten Gewissensbisse, als sie Viviennes halb bewußtlosen Körper über den Rasen zerrten. Plötzlich bellte der Hund der Nachbarn, und sie blieben wie erstarrt stehen, während Viviennes schlaffer Körper auf den Boden plumpste. Einen Augenblick lang verharrten sie in völligem Schweigen, denn sie befürchteten, daß der Nachbar nebenan im Garten auftauchen würde. Der Zaun zwischen den Häusern war nur einen Meter zwanzig hoch, und möglicherweise konnte er die Frauen sehen, was einer Katastrophe gleichkommen würde.

Barbara und Karen spürten, wie sich plötzlich Furcht in ihnen breitmachte, aber wegen Vivienne verspürten sie keine Schuldgefühle – sie wollte nur nicht auf frischer Tat ertappt werden.

Nebenan rührte sich jedoch nichts, selbst der Hund bellte kein zweites Mal, und die beiden Frauen konnten ihr blutiges Tun ohne weitere Störung fortsetzen.

Barbara packte Viviennes Arme und zog, während Karen Mühe hatte, die Beine zu tragen, die ständig zu Boden sackten. Als sie fast am Gewächshaus angelangt waren, ließ auch Barbaras Kraft nach, und sie ließen Vivienne mit einem lauten Plumpsen zu Boden fallen.

Beide schauten jetzt auf ihr Opfer hinab, froh, daß diese Frau ihr Glück nie wieder bedrohen würde. Fast verspürten sie Ekstase bei dem Gedanken, daß sie bald ganz tot wäre.

Just in diesem Augenblick sah Barbara Viviennes nackte Oberschenkel, die durch den groben Transport durch den Garten entblößt worden waren. Und sie spürte, wie Lust in ihr aufflammte. Vielleicht konnte Vivienne ihr noch einmal sexuelle Befriedigung verschaffen, bevor sie starb?

Barbara beugte sich vor und ließ ihre Hand über Viviennes kaltes Bein gleiten. In der Mitte des Oberschenkels hielt sie inne und drückte zu. Das Fleisch fühlte sich schön an. Dann ließ sie die Hand weiter nach oben gleiten. Viviennes Augen flackerten, denn Barbaras Berührungen hatten sie aufgeweckt, aber sie versuchte nicht, irgend etwas zu unternehmen. Vielleicht dachte sie, daß man sie verschonen würde, wenn sie sich nicht gegen Barbaras Übergriffe wehrte.

»Verdammt noch mal, Babs! Bist du ein Sexmonster? Hilf mir lieber, sie ins Gewächshaus zu schaffen.«

Karen war die vernünftigere von beiden – zumindest interessierte sie sich nicht für andere Frauen. Das hatte sie noch nie getan, und derartige Gedanken lagen ihr völlig fern. Trotzdem hatte Barbaras Versuch, Vivienne sexuell zu mißbrauchen, sie nicht schockiert, denn sie wußte alles über Barbaras Perversionen und kannte sogar die Ursachen dafür.

Aber ihr war auch klar, daß jetzt nicht der richtige Augenblick für Barbaras unkontrollierbar Lust war, denn sie hatten noch einiges zu erledigen.

Im Gewächshaus hievten sie Viviennes Körper auf einen Holzstuhl. Erneut übernahm Barbara die Führung. Als erstes fesselte sie Viviennes Handgelenke. Dabei zog sie den Knoten so fest an, daß ihr Opfer vor Schmerz zusammenzuckte. Anschließend kniete sie sich hin und begann, das Seil um Viviennes Fußknöchel zu schlingen. Barbara zog das Seil straff, um sicherzugehen, daß es ganz fest war, aber dabei sah sie, wie Viviennes Schenkel sich direkt vor ihrem Gesicht öffneten. Obwohl Viviennes Fußknöchel gefesselt waren, zeigte die Frau ihrer Peinigerin, was sie zu bieten hatte, und ihre Oberschenkel öffneten sich immer weiter. Sie luden Barbara geradezu ein, ihr Opfer dort zu befingern.

Barbara atmete jetzt schneller, und es fiel ihr schwer, sich zurückzuhalten. Allzu gern hätte sie mit ihrer Hand den weichen Hügel erforscht. Viviennes Oberschenkel befanden sich immer noch auf einer Höhe mit Barbaras Gesicht, während diese auf Knien vor ihr hockte. Sie schaute in Viviennes Augen, die sie jedoch nicht angsterfüllt anstarrten, wie man es normalerweise erwartet hätte. Statt dessen schienen sie zu sagen: »Tu's doch. Los, tu es!«

Vivienne kämpfte mit dem einzigen Mittel, das sie kannte, um ihr Leben, bevor sie sich in ihr Schicksal ergab. Vielleicht war dies ihre einzige Chance. Sie hätte alles getan, um sich zu retten, und diese Schenkel für die ganze Welt geöffnet, wenn sie dadurch nur einige Minuten gewann.

Noch versuchte Barbara, sich zurückzuhalten und sich ihrem zügellosen Drang zu widersetzen, obwohl sie nur wenige Zentimeter von dem intimsten Körperteil einer Frau entfernt war. Vivienne schien nur darauf zu warten, befingert zu werden …

»Verdammt noch mal, Babs. Wir sollten sie jetzt alle machen. Denk doch mal an etwas anderes, du perverses Stück.«
Vivienne hatte soeben ihre letzte Chance verspielt.

Barbara und Karen begannen, vor den Augen ihres Opfers einen provisorischen Galgen zu errichten, und Vivienne war gezwungen zuzusehen. Es war offensichtlich, wie ihr Leben enden sollte.

Barbara knotete eine große Schlinge in das Seil, das sie anschließend durch eine lange metallene Leiter führte, die unter dem Dach des Gewächshauses hing. Verzweifelt kämpfte Vivienne mit ihren Fesseln und schaukelte auf dem Stuhl hin und her, damit er umfallen solle. Dies gelang ihr just in dem Augenblick, als Barbara auf einem anderen Stuhl stand, um die Wirksamkeit des selbstgemachten Galgens zu überprüfen.

Sofort sprang sie von dem Stuhl herunter und richtete Vivienne wieder auf. Anschließend hielt Karen die Schultern des Opfers fest, damit dies nicht noch einmal passieren konnte. Jetzt näherte sich Barbaras Gesicht Vivienne bedrohlich. »Deine letzte Stunde hat geschlagen«, erklärte sie.

Dann zog sie die Schlinge grob über Viviennes Kopf, wobei sie kratzend über ihre Ohren glitt. Das Ganze war schlimmer als eine öffentliche Hinrichtung; das Opfer erhielt nicht einmal die Sterbesakramente und hatte keine Möglichkeit, einen letzten Wunsch zu äußern. Die beiden Frauen setzten ihrem Opfer auch keine Kapuze auf, die es ihm unmöglich gemacht hätte, sein Ende nahen zu sehen.

Zuerst spürte Vivienne nur, wie das Seil sich in ihren Hals grub, bis Barbara stärker daran zog, so daß es die ältere Frau würgte.

Karen beobachtete das Geschehen wie in Trance. Es schien so unwirklich wie in einem Traum. Endlich konnten sie Rache nehmen, noch der sie sich so sehnten, aber das erwartete Gefühl stellte sich nicht ein. Karen war wie betäubt – und gar nicht mehr aufgeregt. Barbara zog mit aller Macht den Knoten zu, so daß die Schlinge sich nicht mehr lösen konnte. Dann zog sie den Stuhl unter ihrer Rivalin weg und beobachtete, wie Viviennes Kopf sich nach oben verdrehte. Ihr Körper sackte auf dem Boden des Gewächshauses zusammen, während Kopf und Hals nach oben gezerrt wurden. Ein paar Sekunden verkrampfte sich Vivienne, und ihr Kopf zuckte hin und her, aber auf diese Weise wurde der Tod nur beschleunigt, denn die Schlinge zog sich immer enger zu.

Barbara und Karen beobachteten ruhig, wie Vivienne ihren Kampf ums Überleben schließlich aufgab, doch Barbara geriet durch den Mord bald in Hochstimmung. Dieses Gefühl war so befriedigend wie der Sex, den sie vor ein paar Minuten mit ihrem Opfer in Erwägung gezogen hatte.

Doch jetzt standen sie vor dem nächsten Problem: Irgendwie mußten sie sich der Leiche entledigen.

Niemand würdigte Barbara und Karen auch nur eines Blicks, als sie die Schubkarre durch die belebten Straßen schoben. Sie hatten gerade erst zweihundert Meter zurückgelegt, aber die beiden Frauen hatten das Gefühl, als ob es zweihundert Meilen gewesen wären.

Keiner der Jungen, denen sie an diesem Spätnachmittag auf ihrem Nachhauseweg von der Schule begegneten, konnte ahnen, daß unter dem Kartoffelsack in der Karre jene sexbesessene Hausfrau lag, die so viele ihrer Freunde verführt hatte. Jetzt würde Vivienne keine Jungen mehr zu sich nach Hause einladen.

Als Barbara und Karen die Ecke der Heathway Street erreichten, kippten sie die Karre etwas nach rechts, um einer alten Dame auszuweichen, und fast passierte das Entsetzliche: Viviennes Leiche landete um ein Haar auf dem Bürgersteig. Die beiden merkten, wie die Leiche ihre Lage veränderte, als sie um die Ecke bogen, und plötzlich begann die Schubkarre zu schwanken. Voller Panik stellten sie sich die Schreckensszene vor, wenn die Leiche auf die Straße fallen würde.

Aber nichts passierte. Gerade noch rechtzeitig gelang es Barbara, die Kontrolle über die Schubkarre wiederzugewinnen. In diesem Augenblick sah Karen, daß Viviennes Hand über den Karrenrand hing. Die junge Frau drehte sich um, aber niemand starrte den beiden nach. Alle hatten es viel zu eilig, von der Schule oder Arbeit nach Hause zu kommen, und keiner beachtete die beiden Frauen, die eine Leiche durch die Straßen des Vororts transportierten.

Vorsichtig und unauffällig schob Karen die Hand wieder unter den Kartoffelsack, und die beiden Frauen setzten ihre Fahrt fort. Karen hatte Barbaras Plan, die Leiche irgendwo abzuladen, nicht in Frage gestellt, denn es schien die einzig richtige Lösung. Allerdings wußte sie nicht, wo Barbara das Opfer hinbringen wollte.

»Du mußt absolut verrückt sein, Babs.«

Karen Miller war völlig verblüfft, denn Barbara hatte beschlossen, die Leiche der erhängten Vivienne Elliot im Vorgarten des unglücklichen Opfers abzuladen.

»Tu verdammt noch mal, was ich dir sage!«

Dies war ein Befehl, und Karen gehorchte. Gemeinsam zerrten die beiden Frauen Viviennes erstarrende Leiche über den Boden zum Seiteneingang ihres Hauses. Die eine öffnete das Gartentor, während die andere die Leiche hielt. Mit einem letzten Schubs stießen sie die Leiche auf das Gartenstück zwischen den beiden benachbarten Häusern. Es war immer noch Spätnachmittag, und die Straßen waren voll von Menschen, aber niemand sah Barbara und Karen, Viviennes Leiche oder die Schubkarre, mit der die Täterinnen schnell nach Hause eilten.

George und Gladys Miller waren guter Dinge, als sie etwa eine halbe Stunde später in ihrem Haus eintrafen. Sie hatten ihre andere Tochter in Norwich besucht, und es hatte ein glückliches Familientreffen gegeben. Und da man Barbara nicht eingeladen hatte, war es ein friedlicher Nachmittag gewesen, der nicht durch die üblichen Streitigkeiten verdorben wurde, wie es sonst der Fall war, wenn ihre widerspenstige Tochter zusammen mit ihnen jemandem einen Besuch abstattete.

Bei ihrer Rückkehr nach Hause mußte jedoch selbst George zugeben, daß er an diesem Nachmittag von Barbara angenehm überrascht war, denn sie war gerade mit dem Frühjahrsputz beschäftigt, den das Haus dringend nötig hatte.

Natürlich hatte dies tiefere Beweggründe, denn das kleine Haus hatte an diesem Tag eine Menge Leben, Sex und Tod gesehen. Zuerst das Liebesspiel mit Jackie, dann die Kriegsberatung mit Karen – und schließlich der Mord selbst. Barbara mußte sich beim Schrubben schon sehr anstrengen, um dieses Haus wieder zu reinigen!

Gott sei Dank wußten George und Gladys nichts von den schrecklichen Vorfällen, die sich ein paar Stunden zuvor in ihrem Heim abgespielt hatten. Sie waren einfach nur erleichtert, daß Barbara endlich einmal half, denn normalerweise rührte sie keinen Finger.

»Hallo, Mom, hallo, Dad.«

Sie schien wie verwandelt – so fröhlich und voller Leben. Dies war nicht die Barbara, die sie kannten, aber die beiden alten Leute fragte nicht, warum sie so glücklich war. Darüber dachten sie erst später nach.

Vor den Toren der nagegelegenen Grundschule schaute sich etwa um dieselbe Zeit ein kleines Mädchen unruhig um. All ihre Freundinnen waren bereits abgeholt worden, aber von ihrer Mutter war noch nichts zu sehen.

Veronica war zwar erst fünf Jahre alt, aber sie war ihrer Mutter Vivienne wie aus dem Gesicht geschnitten. Es war fast unheimlich – sie hätten Zwillinge sein können, wenn da nicht die neunundzwanzig Jahre Altersunterschied gewesen wären. Das kleine Mädchen trug sogar dieselbe Brille wie Vivienne.

»Wo könnte deine Mutter denn sein?«

Die Lehrerin machte sich Sorgen. Normalerweise war Vivienne immer pünktlich, wenn sie ihre Tochter abholte. Manche Eltern kümmerten sich nicht um ihre Kinder, aber bei Vivienne war das etwas anderes. Ihr Lebenswandel war in der Stadt zwar allgemein bekannt, aber sie galt auch als gute Mutter.

Sie warteten weitere fünfzehn Minuten, aber von Vivienne war immer noch nichts zu sehen. Der Lehrerin blieb keine andere Wahl, als Veronicas Großmutter anzurufen. Vielleicht war ihrer Mutter etwas zugestoßen?

Iris Ives war überrascht. Es ähnelte ihrer Tochter gar nicht, so unzuverlässig zu sein, wenn es um Veronica ging. Als sie ihr Enkelkind abholte, hatte sie das merkwürdige Gefühl, daß irgend etwas Schlimmes passiert war.

Niemand öffnete die Tür, als die beiden an Viviennes Haus angekommen waren, und Iris war verwirrt. Ihre Tochter mußte doch zu Hause sein. Wo steckte sie nur? Sie mußte zu Hause sein.

Sie klingelte noch einmal, aber wieder öffnete niemand.

»Ich geh' mal zum Hintereingang, Oma.«

Iris dachte sich nichts dabei, als Veronica zu dem Gartentor an der Seite lief. Mit den Augen verfolgte sie den Weg ihrer Enkelin und hielt plötzlich wie erstarrt inne.

Dort auf dem Boden ragten ein paar Beine aus dem Gebüsch.

»Mami! Mami! Mami!«

Iris wußte sofort, daß es ihre Tochter war, als Veronica so laut zu schreien begann, und auf der Stelle zog sie ihre kleine Enkelin von der Leiche weg. Es war zu spät, etwas für Vivienne zu tun.

Zwanzig Minuten später klopfte die Polizei nach einem Hinweis von Viviennes Verwandten bei den Millers an und nahm Barbara unter Mordverdacht fest. Ihre Nichte Karen wurde der Mittäterschaft angeklagt.

Barbara erzählte der Polizei: »Sie versuchte, zwischen mir und meinem Freund Unruhe zu stiften. Sie hat den Tod verdient.«

Aber in Wirklichkeit stand hinter dieser Tragödie ein ganzes verpfuschtes Leben.

Im Juli 1988 wurde Barbara Miller, dreißig Jahre alt, im Old Bailey zu einer lebenslangen Haftstrafe verurteilt, nachdem sie sich des Totschlags aufgrund verminderter Zurechnungsfähigkeit schuldig bekannt hatte.

Karen Miller, neunzehn Jahre alt, bekannte sich der Verabredung zum gemeinschaftlichen Gewaltangriff und der Mithilfe beim Fortschaffen der Leiche schuldig. Sie erhielt eine dreijährige Bewährungsstrafe.

Nach Abschluß des Falls erklärte Barbaras Vater George: »Mein Herz blutet für alle beide, denn sie haben es in ihrem Leben immer schwer gehabt. Ich hoffe nur, daß sie die Hilfe, die sie brauchen, in der Zukunft bekommen werden.«

Tod auf dem Wasserbett

Das schrille Läuten der Tischglocke in der Ferne bedeutete nur eines für Judy Benkowski: Ihr Mann hatte wieder irgendeinen Wunsch.

Der übergewichtige Clarence Benkowski war äußerst herrisch, und sein ganzes Leben lang hatte er in diesem unglücklichen Haushalt die Nummer eins gespielt. Selbst jetzt, wo er seine Arbeit als Schweißer nicht mehr ausübte und Rentner war, erwartete er, daß er von vorn und hinten bedient wurde.

Als seine kranke alte Mutter beschloß, zu ihrem Sohn zu ziehen, wurde alles nur noch schlimmer für Judy. Jetzt wurde sie von zwei Quälgeistern, die sie wie eine Sklavin bedienen mußte, herumgestoßen und beschimpft.

Oft saßen die beiden im Wohnzimmer des Hauses Nummer 508 an der South Yale Avenue stundenlang in ihren Sesseln, ohne sich von der Stelle zu rühren. Dann läutete die kleine Glocke am häufigsten, denn die Wunschliste ihres Mannes und ihrer Schwiegermutter schien endlos zu sein.

Es klingelte: »Bring mir einen Kaffee«, forderte Clarences Mutter.

Wieder wurde geläutet: »Hol mir ein Bier«, verlangte Judys Mann.

Zum dritten Mal ertönte die Glocke: »Der Kaffee ist kalt, bring mir eine neue Tasse.«

Wieder klingelte es: »Das Bier ist viel zu *warm!* Hast du schon mal was von einem Kühlschrank gehört?«

So ging es tagein, tagaus. Judy hatte keine Zeit, irgendwo einen Job anzunehmen, denn sie war voll und ganz damit beschäftigt, sich um zwei verdrießliche Nichtstuer und die beiden anstrengenden Söhne zu kümmern.

Manchmal wurde es ihr einfach zuviel, und dann weinte sie sich nachts in den Schlaf, aber erst, wenn Clarence in betrunkenem Zustand versucht hatte, sie zum Sex zu zwingen, denn der Liebesakt war völlig einseitig. Er forderte sie auf, ihn mit der Hand zu erregen, und dann – wenn er soweit war – lag sie einfach da und hörte sich sein Stöhnen an. Es dauerte immer nur wenige Minuten, manchmal auch nur Sekunden, doch es schmerzte schrecklich. Nie erlebte sie Liebe, sondern immer nur Schmerz. Qualen, die unausweichlich sind, wenn ein übergewichtiger alter Mann sich seiner zierlichen, einen Meter sechzig großen Frau aufdrängt, die zwanzig Jahre jünger ist. Dem Gesetz nach waren sie Mann und Frau, aber in ihrem Schlafzimmer waren sie Fremde.

Eines Tages beschloß Clarence, *seinem* Sexualleben etwas mehr Pep zu verleihen und kaufte ein Wasserbett, aber natürlich war es das billigste, das er finden konnte, was typisch für ihn war. Judy lag wie immer einfach nur da, wenn es ihn nach Sex verlangte, aber jetzt erlebte sie zusätzlich das schreckliche Gefühl, sich wie in einem Schiff auf dem Ozean auf und ab zu bewegen. Das hatte allerdings auch einen Vorteil: Judy war innerhalb von Sekunden seekrank, wenn Clarence anfing, und sie konnte darauf bestehen, daß er aufhörte, bevor sie sich übergeben mußte.

Clarences Einstellung zur Sexualität ähnelte in vielerlei Hinsicht seiner gesamten Lebenseinstellung: Der Mann war der Herr im Haus. Es war eben ihr Pech, wenn es ihr nicht gefiel. Schließlich hatte sie es sich ja nicht anders gewünscht: ehren *und* gehorchen war die Devise …

Fast zwanzig Jahre lang hatte Judy die Beschimpfungen, die Schinderei und die körperlichen Schmerzen ertragen. Was sollte sie auch sonst tun? Sie hatte keine Berufsausbildung, kein eigenes Leben außerhalb dieser vier Wände. Sie lebte schon so lange in diesem Gefängnis, daß sie vergessen hatte, wie es war, draußen die Freiheit zu genießen. Und das änderte sich auch nicht, als Clarences Mutter starb.

»Du darfst nicht zulassen, daß er dich so behandelt. Du mußt etwas unternehmen.«

Debra Santana war schrecklich wütend, nachdem Judy Benkowski wieder einmal ihr Herz bei ihr ausgeschüttet hatte. Wie konnte ein Mann seine Frau nur so schlecht behandeln? Und wieso ließ Judy sich das alles gefallen? *Ihr* würde so etwas nicht passieren.

»Aber«, erklärte Judy auf ihre ruhige, zurückhaltende Art, »was soll ich denn tun? Ich kann doch nirgends hin, ich kann mich ja nicht einmal selbst ernähren.«

Debra war festentschlossen, ihrer besten Freundin und Nachbarin zu helfen. Die attraktive Blondine war zwar schon über dreißig Jahre alt, aber sie hatte sich ihre positive Lebenseinstellung, die sie schon als Teenager gehabt hatte, bewahrt. Auch sie hatte Leid erlebt, denn ihre Ehe war schrecklich gewesen, doch sie hatte nicht ausgehalten, sondern statt dessen die leichtere und vernünftigere Lösung gewählt – sie hatte sich scheiden lassen. Jetzt genoß sie all das, auf was Judy schon lange nicht mehr zu hoffen wagte. Sie hatte einen schwarzen, athletischen Geliebten, der sie in jeder Hinsicht befriedigte, und führte ein Leben ohne jeglichen Zwang.

Judy beneidete Debra um ihren Lebensstil. Allzu gern hätte sie wieder die Wärme, Leidenschaft und wahre Liebe eines Mannes gespürt. Sie wußte, daß Debra recht hatte, wenn sie sagte, daß sie einen Ausweg aus diesem Leben finden mußte. Aber wie? Und was dann?

Clarence würde eine Scheidung nie in Betracht ziehen. Aufgrund seiner katholischen Erziehung stand diese Lösung ganz außer Frage. Er würde es nicht einmal zulassen, daß sie ihr eigenes Leben lebte. Ihr wäre es durchaus recht gewesen, wenn sie sich hätten einigen können, getrennt zu leben, denn dann wäre sie in der Lage gewesen, mit anderen Männern auszugehen, und auch er hätte ganz nach seinen eigenen Vorstellungen leben können. Aber Clarence war der festen Überzeugung, daß Judy sein Besitz war. Sie war seine Frau, und wenn er Lust auf Sex hatte, konnte er sich bei ihr bedienen. Wollte er sie beschimpfen, hatte er das Recht dazu, denn sie war seine Sklavin …

Natürlich war Debra über diese Einstellung entsetzt. Sie war dreizehn Jahre jünger als ihre Freundin, aber sie war der Meinung, daß Frauen unabhängig von ihrem Alter Spaß haben sollten. Judy geriet immer mehr unter den Einfluß ihrer jüngeren Freundin und ihrer freien Ideen. Je mehr die beiden über Debras sexuelle Abenteuer redeten, desto öfter fragte Judy sich, wie ein Leben ohne Clarence wohl aussehen würde.

»Was kann ich denn deiner Meinung nach tun, du Genie?« fragte Judy gleichzeitig sarkastisch und traurig. »Was würdest *du* denn tun? Ich lebe wie im Gefängnis, und es gibt keinen Ausweg.«

Die Verzweiflung in Judys Stimme regte Debras Phantasie an. Sie hatte da eine Idee, eine außergewöhnliche Idee, aber wenn alles sorgfältig geplant wurde, konnte man damit all die Probleme von Judy lösen. Es würde schon klappen.

»Das ist Eddie«, erklärte Debra, »er ist nicht nur großartig im Bett, sondern er kennt sich auch mit solchen Dingen aus.«

Eddie Brown hatte Debra all die sexuelle Befriedigung gegeben, nach der sie sich sehnte. Selbst bekleidet war sein Körper fraglos beeindruckend. Die Ärmel seines Hemdes strafften sich über seinen muskulösen Oberarmen, und die Brust füllte sein Hemd so stark aus, daß fast die Knöpfe absprangen. Judy verspürte eine gewisse Erregung, als sie seine Hand schüttelte, und fragte sich, was für ein aufregendes Sexualleben ihre Freundin wohl mit diesem athletischen, dunkelhäutigen Liebhaber genoß.

Eines überraschte Judy jedoch: Eddie war nur einen Meter fünfundsechzig groß. Seine Freundin Debra überragte ihn um gute zehn Zentimeter. Sie zwinkerte Judy zu:

»Das macht er alles auf andere Weise wett. Aber genug davon. Wir haben Wichtiges zu besprechen.«

Debra hatte Judy ihren Traummann schließlich nicht vorgestellt, um sein überragendes sexuelles Können zu diskutieren. Eddie sollte für Judy einen Job übernehmen.

Einen Job, für den einiges an Planung erforderlich war.

»Glaubst du wirklich, daß du ihn töten kannst, ohne erwischt zu werden?«

Endlich hatte Judy das Eis gebrochen, nachdem sie einander vorgestellt worden waren und man die üblichen Höflichkeiten ausgetauscht hatte. Jetzt mußte sie ihn mit den Tatsachen konfrontieren.

Eddie hatte sich bereit erklärt, Judys Ehemann für eine Summe von 5000 Dollar umzubringen, und jetzt mußten nur noch die Details geklärt werden. Wo sollte die Tat stattfinden? Welche Waffe würde er benutzen? Wie konnten sie sichergehen, daß die Polizei keinen Verdacht schöpfte? Was würde passieren, wenn das Opfer den Angriff überlebte?

Einen Augenblick fragte Judy sich, ob sie völlig verrückt geworden war. Wie konnte sie nur daran denken, einen Menschen umbringen zu lassen, zumal es sich um ihren eigenen Ehemann handelte?

»Vielleicht sollten wir uns die Sache noch einmal überlegen«, erklärte sie.

Ihre beiden Mitverschwörer sagten einen Augenblick lang gar nichts.

»Wie bitte?« fragte Debra schließlich. »Nach all dem, was du mitgemacht hast, überlegst du es dir jetzt plötzlich anders? Wir haben doch alles durchgesprochen. Komm schon!«

Jetzt mischte Eddie sich ein: »Ja, wirklich, es wird ganz einfach sein. Wir können es wie einen normalen Überfall aussehen lassen. Das ist überhaupt kein Problem.«

Der Druck auf Judy wuchs. Selbst normalerweise war sie keine sehr willensstarke Frau, und bald spürte sie, daß ihr im Grunde keine andere Wahl blieb. Er mußte sterben, denn das war ihre einzige Fluchtmöglichkeit aus diesem elenden Leben, die einzige Möglichkeit, aus der Sackgasse, in der sie sich befand, herauszukommen. Ihr Vorhaben schien ihr zwar zu drastisch, aber im Grunde hatte es dieses Tier ja nicht besser verdient. Allzu lange schon behandelte er sie wie Dreck; jetzt war sie endlich einmal an der Reihe – ihre Rache würde süß sein.

Bevor sie jedoch ihre Träume von einem neuen Leben verwirklichen konnte, mußte noch eine Kleinigkeit besprochen werden. Wie und wo sollte die Tat durchgeführt werden? Es war jetzt Mitte Oktober 1988, und Halloween, das Fest des

Todes und der Dämonen, stand kurz bevor. Warum nicht diese Möglichkeit nutzen? Judy hatte einen großartigen Plan, wie sie ihren beiden Mitverschwörern berichtete.

»Eddie, ich werde dir ein grusliges Kostüm besorgen. Du bist so klein, daß man dich für ein Kind halten wird, das von Tür zu Tür geht. Du klopfst bei uns an, Clarence wird dir öffnen, und du schießt ihn über den Haufen. Pech für ihn, Glück für mich.«

Debra und Eddie waren über diesen grotesken Plan verblüfft, aber offensichtlich war es Judy todernst damit; der dämonenhafte Aspekt schien ihr sogar besonders zu gefallen. Aufgeregt lachte sie, als sie ihren Plan beschrieb.

»Das wird ihm eine Lehre sein, denn er gibt nie etwas, wenn jemand an die Tür kommt.«

Judy schien die Mordlust gepackt zu haben. Ihre anfängliche Nervosität war plötzlich einer Begeisterung gewichen, die ihre beiden Freunde in Erstaunen versetzte. Offenbar hatte sie den ganzen Plan als vollendete Tatsache akzeptiert, und die Risiken wurden durch die Vorfreude auf das zukünftige Leben ohne Clarence aufgewogen. Zum ersten Mal seit Jahren verspürte Judy wieder so etwas wie Glück.

»Moment mal, Judy. Meinst du nicht, daß das ein bißchen verdächtig wirken würde?« warf Eddie ein.

Judy war nicht in Stimmung für solche Einwände und wurde lauter: »Wieso? Erklär mir *wieso?*«

Eddie erwiderte ruhig: »Kinder, die zu Halloween in der Nachbarschaft herumziehen, erschießen normalerweise niemanden. Die Polizei würde gleich den Verdacht hegen, daß es sich um einen Mordauftrag handelt. Man würde dich sofort verdächtigen.«

Verzweifelt versuchte Eddie, die Situation zu entschärfen. Natürlich hatte er sich einverstanden erklärt, den Mann dieser Frau umzubringen, denn offenbar hatte es dieser Kerl nicht besser verdient. Aber der Plan, den Judy soeben beschrieben hatte, war völlig verrückt. Ihre Vorstellung erinnerte eher an ein Verbrechen der Mafia und nicht an den unauffälligen Mord, der Eddie vorschwebte. Doch Judy wollte nicht zuhören, denn sie hielt ihren Plan für perfekt.

»Die Polizisten werden denken, daß irgendein Verrückter unterwegs ist und unschuldige Menschen über den Haufen schießt. Niemand wird es für einen Mordauftrag halten.«

Debra und Eddie warfen sich einen Blick zu und zuckten mit den Schultern: »Du bist der Boß, Judy«, erklärte Eddie. Er war arbeitslos und gerade aus dem Gefängnis entlassen worden, so daß ihm das Geld ganz gelegen kam. Einen so lohnenden Auftrag würde er sich nicht entgehen lassen.

Halloween ist in ganz Amerika ein großes Ereignis. Jedes Jahr im Oktober werden überall im Land Kostümläden in leerstehenden Ladenlokalen eröffnet und machen das große Geschäft. Mit dieser alten Tradition läßt sich so mancher Dollar verdienen, denn es werden Hunderttausende von Kostümen verkauft. Ganze Schulen verwandeln ihre Aulen und Schulhöfe in riesige barbarische Kerker, die mit gräßlichen Schaustücken angefüllt sind: nachgemachte Leichen in Särgen aus Pappe, kopflose Tote und andere Erinnerungen an die heidnischen Rituale, auf die dieses Ereignis zurückgeht. Die Schulen und Jugendclubs bitten die einheimischen Besucher um ein geringes Eintrittsgeld, bevor sie sich in diesen selbstgebauten Kerkern gruseln können. Auf diese Weise kommt eine ansehnliche Geldsummen für gute Zwecke zusammen.

Ähnlich populär sind die Umzüge der Kinder von Haus zu Haus. In Hexenkostüme gekleidet, klopfen sie an die Haustüren in ihrer Straße und sagen ihre Sprüche auf, wenn ihnen geöffnet wird. Meistens sammeln sie Unmengen von Süßigkeiten ein, und alle gehen zufrieden nach Hause.

In dem Chicagoer Vorort Addison wurde Halloween genauso leidenschaftlich gefeiert wie im übrigen Land, und die South Yale Avenue, in der die Familie Benkowski lebte, war ebenfalls eine ganz traditionelle und typische Straße. Die einzelstehenden Bungalows waren in mehreren Reihen hintereinander erbaut worden, um den vorhandenen Platz in diesem klassischen Mittelstands-Vorort bestmöglich zu nutzen.

Ein Stück weiter die Straße hinauf fragte sich Eddie Brown

in Debra Santanas Haus zum allerersten Mal, worauf er sich da eingelassen hatte.

Als Judy und Debra ihm die dämonenhafte Maske anpaßten, die sie für ihn im örtlichen Kostümgeschäft gekauft hatten, fühlte er sich eher wie ein Kind, das auf eine Party will, und nicht wie ein professioneller Killer, der den tödlichen Auftrag hatte, den ältlichen Ehemann einer Bekannten umzubringen. Was die Sache noch schlimmer machte, war diese quälende Maske. Die beiden Frauen hatten darauf bestanden, eine Maske zu kaufen, die das gesamte Gesicht bedeckte, damit niemand sehen konnte, welche Hautfarbe er hatte. Aber langsam wurde Eddie bewußt, daß er auf diese Weise das Haus Nummer 508 möglicherweise nie lebend erreichen würde, denn er konnte in dieser Kostümierung kaum atmen. Er hatte das Haus noch nicht einmal verlassen und mußte bereits nach Luft schnappen!

»Das ist absolut verrückt. Ich kann nicht einmal richtig durch die Augenschlitze sehen.«

Eddies Stimme wurde durch die Maske so stark gedämpft, daß die beiden Frauen ihn zu Anfang überhaupt nicht verstanden, daher schrie er: »ICH HALTE DIESE IDEE FÜR VÖLLIG VERRÜCKT!«

Wenn Eddie schon so laut schreien mußte, um sich überhaupt verständlich zu machen, würde er wahrscheinlich die ganze Straße mobilisieren, wenn er bei Familie Benkowski klingelte.

Das überzeugte ihn noch stärker davon, daß das ganze Vorhaben zum Scheitern verurteilt war.

Nachdem Eddie das Kostüm angelegt hatte, tastete er sich ans Fenster vor, um zu sehen, wie betriebsam es draußen zuging. Er verzog das Gesicht – das heißt, er hätte es getan, wenn nicht diese schreckliche Latexmaske gewesen wäre.

Hier und auf den benachbarten Straßen zogen Hunderte von Kindern umher und machten ihre Runde. Fast schien es, als habe die gesamte Bevölkerung von Addison es an diesem Abend auf die South Yale Avenue abgesehen.

Wütend riß sich Eddie die Maske vom Gesicht und stand nur noch in seinem schwarzweißen Skelettkostüm da.

»Ich werde es nicht tun. Ich kann diesen Scheißkerl nicht vor Hunderten von Kindern erschießen. Man würde mich sofort packen.«

Eddie war gerade noch rechtzeitig zur Besinnung gekommen. Dieser Plan war ihm schon immer irgendwie verrückt erschienen – er mußte ihn einfach auf der Stelle aufgeben, bevor es zu spät war.

Judy wurde schrecklich wütend, denn am heutigen Morgen war sie mit einem ganz neuen Lebensgefühl aufgewacht. Sie hatte sich vorgestellt, daß es nur noch vierundzwanzig Stunden dauern würde, bis sie diesen häßlichen Koloß von Ehemann los war – und jetzt hatte Eddie all ihre Hoffnungen zerstört.

»Du bist einen Handel eingegangen, Eddie«, drohte sie mit leiser Stimme.

»Versteh mich nicht falsch, Judy. Ich werde ihn töten, aber nicht heute abend. Das wäre völlig verrückt, und wir würden alle im Gefängnis landen.«

Eddie hatte recht, und Judy mußte sich dies, wenn auch widerwillig, eingestehen, wenn sie tatsächlich über das verrückte Szenario draußen nachdachte. Zwar hatte sie 25 Dollar für das Kostüm verschwendet, aber das war nichts im Vergleich zu den 5 000 Dollar, die sie für den Mord an ihrem Mann zahlen wollte.

»Okay, wie wollen wir es dann machen? Du mußt die Sache durchziehen.«

Und Eddie gab ihr dieses Versprechen: »In Ordnung, laß uns ganz von vorne anfangen.«

Judy erklärte sich damit einverstanden, die Tat um eine Woche hinauszuschieben, denn Eddie hatte sie davon überzeugen können, daß man sie nur dann nicht schnappen würde, wenn alles genau bis ins kleinste Detail geplant war. Und er hatte sich einen Plan zurechtgelegt, der mit Sicherheit funktionieren würde.

ES KLINGELTE: »Wo ist mein Frühstück? Mach schon, ich verhungere fast.«

STÄNDIG LÄUTETE DIE TISCHGLOCKE.

Clarence Benkowski würde sich gleich das Frühstück servieren lassen, genauso, wie er es in den letzten zwanzig Jahren immer gewöhnt gewesen war. In der Küche murmelte Judy Benkowski leise vor sich hin: »Keine Sorge. Du wirst es schon rechtzeitig bekommen.« Insgeheim mußte sie dabei lächeln, denn der große Moment rückte immer näher. Gleich würde Phase eins des Mordplans ausgeführt werden.

Wenn Clarence nicht so unglaublich faul gewesen wäre, hätte er vom Frühstückstisch aufstehen und schwerfällig in die Küche gehen können, wo Judy gerade den Inhalt aus zwanzig Tütchen, die ein Schlafmittel enthielten, in seinen Kaffee schüttete.

Doch Clarence hatte nicht die Absicht, seine lebenslangen Gewohnheiten zu ändern.

WIEDER KLINGELTE ES: »Los, mach schon. Ich verhungere.«

Ohne es zu wissen, half er Judy dabei, sein Todesurteil zu vollstrecken. Als diese verdammte Glocke erneut ertönte, läutete er, ohne es zu wissen, das Ende seines Lebens ein und garantierte zudem, daß Judy keinerlei Schuldgefühle verspürte, als sie jeden Krümel aus den Päckchen in den Kaffee schüttete und alles gut umrührte. Je länger er läutete, desto besser fühlte sie sich, denn sie wußte, daß sie diesen Lärm bald nicht mehr würde ertragen müssen. Es war ein wunderbares Gefühl, über das Ende dieser schrecklichen Zeit in ihrem Leben nachzudenken.

Läute ruhig weiter, Clarence. Läute ruhig weiter, du fetter Scheißkerl ... Alles war jetzt bereit. Federnden Schritts und mit viel Schwung machte sie sich auf den Weg. Da sie es jedoch so eilig hatte, die Vorbereitungen für die bald folgende Todesstrafe zu treffen, warf sie die leeren Medikamententütchen unachtsam in den Abfalleimer, ohne weiter über die möglichen Folgen nachzudenken.

»Hier, mein Schatz.«

So hatte sie ihn schon seit Jahren nicht mehr genannt. »Schatz« war ein Kosewort, aber wie konnte sie gegenüber dem Mann, den sie bald ermorden lassen würde, noch Wärme empfinden? Für den Bruchteil einer Sekunde gelang ihr das aber doch, denn schließlich war Judy nur ein Mensch, allerdings hielt dieses Gefühl nur vorübergehend an. Als Judy das Tablett auf dem Frühstückstisch abstellte, durchfuhr sie ein prickelndes Gefühl. Wie immer setzte sie sich an den Tisch und nippte langsam an ihrem Tee, konnte jedoch nicht umhin, über den Tisch hinweg zu Clarence hinüberzuschauen; aber ihr Mann hatte den Kaffee noch nicht einmal angerührt.

Schließlich hatte alles bei Clarence eine gewisse Ordnung. Zuerst schlang er seine Spiegeleier hinunter und stopfte etwas Toast in sich hinein. Judy kannte seine Angewohnheiten nur allzu gut – bald würde er die Kaffeetasse an die Lippen setzen. Geduld, entspann dich – gleich wird er trinken, alles braucht seine Zeit.

Vor ihm auf dem Tisch lag wie an jedem Morgen die *Chicago-Sun Times* ausgebreitet. Irgend etwas war ihm ins Auge gefallen, und er kaute nicht weiter, sondern starrte auf die Sportergebnisse.

»Was zum Teufel soll das? Warum um alles in der Welt haben sie verloren?«

Seit zwanzig Jahren hatte Clarence beim Frühstück nicht mehr mit Judy geredet, und auch jetzt würde er eine lebenslange Angewohnheit nicht aufgeben. Den Kaffee hatte er immer noch nicht angerührt, und Judys anfängliche Aufregung verwandelte sich schnell in Verzweiflung. Mach schon! Los! Schließlich konnte sie sich nicht mehr zurückhalten.

»Schatz« – aus irgendeinem merkwürdigen Grund gebrauchte sie wieder dieses Wort – »Schatz, trink deinen Kaffee, sonst wird er kalt.«

Für den Bruchteil einer Sekunde schaute Clarence seine Frau fragend an. Sie sagte doch sonst *nie* etwas beim Frühstück. Warum zum Teufel nervte sie ihn heute mit dem verdammten Kaffee? Das hatte sie in mehr als zwanzig Jahren nicht getan. Warum jetzt?

Doch wie es bei fast allen Dingen in seinem Leben der Fall war, dachte Clarence nicht weiter darüber nach, denn sonst hätte er diese Aufforderung ja analysieren müssen, und das Nachdenken überließ er lieber den Football-Kommentatoren, die er sich jeden Abend im Fernsehen anhörte.

Judy ärgerte sich jetzt über ihre Schwäche. Warum um alles in der Welt versuchte sie, ihn dazu zu bringen, den Kaffee zu trinken? So würde er nur Verdacht schöpfen.

Sie hielt sich einen Augenblick lang zurück, starrte auf die eigene Tasse und wagte es nicht aufzublicken, denn möglicherweise würde er ihren Blick auffangen und ein Anzeichen von Schuld darin entdecken. Vielleicht würde er sogar ihre mörderische Absicht erkennen, während sie bei ihrem letzten schicksalhaften Frühstück zusammensaßen.

Vielleicht hatte sie die Sache vermasselt, und er war ihr auf die Schliche gekommen? Für den Bruchteil einer Sekunde schloß sie die Augen und hoffte, daß all ihre Zweifel und Ängste verschwinden würden.

Und schließlich trank er – das laute Schlürfgeräusch klang wie Musik in ihren Ohren, und sie öffnete die Augen wieder. Jetzt trank er den Kaffee in großen Schlucken, um die Reste seiner fettigen Mahlzeit hinunterzuspülen. So machte er es am liebsten, und für jeden normalen Menschen war es ein scheußlicher Anblick, aber Judy hätte es nie gewagt, seine Manieren zu bemängeln. Jetzt bezahlte er den Preis dafür, und dieses eine Mal genoß sie sein Benehmen.

Auf die erste Tasse Kaffee folgte gleich die zweite, und Judy spürte, wie Erleichterung durch ihren Körper strömte. Leise seufzte sie auf. Dies war, so dachte sie, sicherlich die größte Leistung ihres Lebens.

»Ich fühle mich nicht sehr wohl. Es ist wohl am besten, wenn ich mich noch ein wenig hinlege.«

Das waren die magischen Worte, auf die Judy gewartet hatte. Eddie hatte ihr genau vorgegeben, wieviel Schlafmittel sie ihrem Mann verabreichen sollte. Nicht zu viel, hatte er betont. Es sollte ihn nur in tiefen Schlaf versetzen, aber nicht ganz bewußtlos machen. Auf diese Weise würde niemand in der Lage sein festzustellen, daß ihr Mann mit einem Schlafmittel betäubt worden war.

Clarence schwankte schwerfällig ins Schlafzimmer, denn das Medikament zeigte seine Wirkung. Soweit war alles nach Plan verlaufen.

Er erreichte gerade noch das schreckliche Wasserbett, bevor er zusammenbrach. Judy schlich sich ebenfalls in das Zimmer, um sicherzugehen, daß er tatsächlich kampfunfähig war.

»Er schläft. Sag Eddie Bescheid, daß er kommen kann.«

Heftig legte Judy den Telefonhörer auf und wartete auf die beiden Komplicen. Debra traf als erste ein und umarmte ihre gute Freundin, denn sie wollte beweisen, daß Judy sich ihrer vollen und ganzen Unterstützung sicher sein konnte.

Die beiden Frauen setzten sich nebeneinander auf das Sofa im Wohnzimmer und zählten die Minuten, bis Eddie eintraf. Sie hörten, wie die hintere Tür geöffnet wurde und der bezahlte Killer hereinkam. Unter unheimlichem Schweigen reichte Judy ihm die Pistole ihres Mannes, eine Lugger aus dem Zweiten Weltkrieg, und deutete an, daß er in Schlafzimmer gehen solle.

In der Zwischenzeit setzte sich Debra die Stereokopfhörer auf, um eine Platte mit Rockmusik anzuhören – eine merkwürdige Reaktion. Wollte sie etwa auf diese Weise das Geräusch der Schüsse ausschalten, das gleich ertönen würde?

Wieder saßen die beiden Frauen auf dem Sofa. Eddie hatte angekündigt, daß er den Schuß mit einem Kissen dämpfen wolle, aber dennoch erlebte Judy den Augenblick, in dem ihr Mann starb, genau mit. Merkwürdig dumpfe Geräusche waren es – so ganz anders, als sie es erwartet hatte, aber sie wußte sofort, daß es die Todesschüsse gewesen sein mußten. Alles war vorbei – endlich war alles vorbei.

Aber es gab noch einiges zu tun. Judy und ihre beiden Freunde wollten es nach einem Einbruch aussehen lassen, der schiefgelaufen war, und so begannen die beiden Frauen und Eddie Brown damit, alles auseinanderzunehmen, damit es überzeugend wirkte.

Sie zogen Schubladen mit Kleidungsstücken heraus und verstreuten sie überall auf dem Bett, auf dem Clarence unter der Bettdecke lag. Das Wasserbett war unbeschädigt – trotz der Schüsse leckte es nirgendwo. Judy haßte dieses Wasserbett, aber wenn es getroffen worden wäre, hätte es eine schöne Schweinerei gegeben.

Plötzlich hielt sie den Atem an. Eddie hatte sich gerade daran gemacht, das Wohnzimmer in Unordnung zu bringen, aber irgendwo hatte alles seine Grenzen.

»Nein, nicht das Porzellan«, erklärte Judy nachdrücklich. Sie würde es Eddie keinesfalls gestatten, ihre große Sammlung an Erinnerungsstücken zu zerstören, die sie liebevoll über die Jahre hinweg zusammengetragen hatte. Dies war der einzige Besitz in diesem Haus, der ihr etwas bedeutete.

»Aber es soll doch nach einem Einbruch aussehen!«

Eddie versuchte nur, wie ein richtiger Profi zu arbeiten. Er wollte sichergehen, daß die Polizei in die Irre geleitet würde, aber Judy hatte ihre Einwände.

»Laß die Finger davon. Es kann immer noch echt aussehen, ohne daß alles zerstört wird.«

Eddie zuckte nur mit den Schultern. Schließlich bezahlte sie ihn und hatte das Sagen, aber er hätte alles ganz anders gemacht.

Ein paar Minuten später war für Eddie die Zeit gekommen, sich durch die Hintertür davonzumachen, aber zuerst wollte er für seinen Job bezahlt werden. Judy überreichte ihm 1 000 Dollar und gab ihm zwei Ringe aus einem Schmuckkästchen. Die restliche Summe würde er im Lauf der nächsten Woche erhalten.

Sekunden später war Eddie verschwunden, und endlich wurde Judy klar, was hier eigentlich geschehen war. Debra sah, wie sich Erleichterung auf dem Gesicht ihrer Freundin breitmachte. Wieder umarmten die beiden Frauen sich nach vollbrachter Tat. Endlich waren sie den Kerl losgeworden. Draußen wartete die große, weite Welt darauf, erobert zu werden, und sie waren auf dem besten Weg dorthin. In Gottes Augen war die Tat sicherlich frevelhaft, aber sie hatten das Gefühl, daß das Recht auf ihrer Seite stand.

Doch bevor sie das durchwühlte Haus verlassen konnten, mußten sie sichergehen, daß die Luft rein war. Zuerst schaute Judy die Straße hinunter. Es war noch vormittags, und die Männer waren bei der Arbeit, während die Hausfrauen ihre Einkäufe erledigten. Alles war totenstill, doch auf alle Fälle schaute Debra auch zur Hintertür hinaus, wo sie ebenfalls niemanden entdecken konnte. Zeit zum Feiern!

Das italienische Restaurant war so überfüllt, daß Judy und Debra kaum auffielen. Das einzig Ungewöhnliche an den beiden war, daß sie eine Flasche Weißwein bestellten, denn in dieser Gegend trinken nur die wenigsten Menschen Alkohol um die Mittagszeit, doch Judy und Debra hatten guten Grund, miteinander anzustoßen.

»Auf uns. Auf ein langes Leben.«

Das hörte sich recht harmlos an, aber schließlich wußten die anderen Gäste nicht, worüber die beiden Frauen so glücklich waren. Wenn sie geahnt hätten, daß die beiden Zeuginnen eines brutalen Mordes gewesen waren, den sie organisiert hatten! Vielleicht war es ganz passend, daß sie in einem italienischen Restaurant feierten, denn schließlich verhielten sie sich wie zwei Mafia-Killer, die einen Mordauftrag vergeben hatten.

Judy freute sich jedoch nicht nur auf ein neues Leben. Sie rechnete damit, daß Clarences Lebensversicherung mindestens 100 000 Dollar wert war, und schließlich besaß sie noch das Haus, dessen Hypothek in Höhe von 150 000 Dollar sie bereits abbezahlt hatten.

Mrs. Benkowski würde in der Tat eine sehr lustige Witwe sein.

»Man hat ihn umgebracht! Er ist umgebracht worden!«

Judys Geschrei klang in den Ohren des Polizisten Tom Gorniak aus Addison schrecklich. Man hatte ihn zu dem Haus der Benkowskis geschickt, nachdem bei der nahegelegenen Polizeistation ein Notruf von Debra und Judy eingegangen war. Die beiden Frauen hatten bei ihrer Rückkehr nach einem Einkaufsbummel entdeckt, daß Clarence erschossen worden war.

Während einer dreifachen Konferenzschaltung zwischen

seinem Wagen, der Telefonzentrale der Polizei und Judy versuchte er herauszufinden, was passiert war, während er zur South Yale Avenue raste.

Tom Gorniak hegte keinerlei Zweifel, daß es sich hier um einen echten Notruf handelte. Seit einem Monat war dies sein erster Mordfall, und innerhalb weniger Minuten traf er am Tatort ein.

Vor dem sauberen, weißgestrichenen Haus stand bereits ein Krankenwagen, hinter dem er seinen Wagen parkte. Als erstes tröstete der Beamte die beiden Frauen und ließ sie durch einen uniformierten Polizisten aus dem Haus schaffen.

Anschließend sah er sich das Haus etwas näher an. Tom Gorniak wußte, daß er nichts berühren durfte, bis die Spurensicherung am Tatort eintraf, aber gleichzeitig war ihm klar, daß jetzt die beste Zeit war, sich umzusehen und ein Gefühl dafür zu bekommen, was wirklich vorgefallen war.

Die Leiche des Opfers lag im Bett, als habe der Mann gerade seinen Mittagsschlaf gehalten. Wie hatte er den Lärm eines Eindringlings, der sich dann über ihn gebeugt und aus nächster Nähe drei Kugeln auf seinen Kopf abgefeuert hatte, überhören können?

Tom Gorniak wußte, daß dies für einen Einbrecher ungewöhnlich war. Die meisten waren nicht einmal bewaffnet, und selbst wenn dies der Fall gewesen wäre, würden sie zögern, die Waffe einzusetzen. Normalerweise macht ein Einbrecher, daß er davonkommt, wenn er auf frischer Tat ertappt wird, denn ihm geht es nur darum, alles so schnell wie möglich an sich zu raffen. Wenn er gestört wird, ist seine erste Reaktion, wegzurennen – nicht zu schießen. Nein, dachte der Polizist bei sich, dieses Opfer schlief, als es erschossen wurde, denn es hatte nicht einmal Zeit gehabt, sich umzudrehen und seinen Killer anzusehen.

Dann bemerkte der Polizeibeamte die Kleidungsstücke, die aus den Schubladen auf das Bett geworfen worden waren. Das bedeutete, daß der Killer das Zimmer *nach* der Schießerei durchwühlt hatte, was einfach keinen Sinn ergab, denn sicherlich hätte der Täter sich nach dem Mord so schnell wie möglich aus dem Staub gemacht.

Tom Gorniak arbeitete bereits seit zehn Jahren bei der Polizei, und er wußte, wie gefährlich es war, bereits so frühzeitig bei einer Morduntersuchung Schlüsse zu ziehen. Dennoch war er überzeugt davon, daß es sich hier um einen Mordauftrag gehandelt haben mußte.

»Hatte Ihr Mann irgendwelche Feinde, Mrs. Benkowski?«

Sergeant Gorniak versuchte, so freundlich wie möglich zu klingen. Schließlich sprach er gerade mit der Witwe des Opfers, die wirklich tief betrübt zu sein schien.

Nein, er hatte keine Feinde gehabt.

Tom Gorniak hatte nur so ein Gefühl, mehr nicht, aber es reichte aus, daß er Judy dazu überredete, an diesem Abend ein wenig länger in der Polizeistation zu verweilen. Er erklärte ihr, daß er wisse, wie schrecklich sie sich fühle, aber daß es im Interesse aller sei, wenn sie noch etwas bliebe, und Judy willigte ein. Auf keinen Fall wollte sie den Anschein erwecken, daß sie die Polizeiarbeit in irgendeiner Weise behinderte.

Tom Gorniak und sein Kollege, der Detective Mike Tierney, begannen vorsichtig, die Witwe nach Hinweisen auszuhorchen. Sie waren überzeugt davon, daß es bei diesem Fall noch einiges zu klären gab, während Judy jetzt etwas unruhig wurde. Sie wußte, daß sie ihnen irgend etwas erzählen mußte, und vielleicht würde die halbe Wahrheit ja ihre Probleme lösen. Würde man sie dann in Ruhe lassen und sich auf die Suche nach dem Mörder begeben?

»Heute morgen habe ich jemanden draußen vor dem Haus gesehen«, erinnerte sie sich.

Die Beamten Gorniak und Tierney hoben die Augenbrauen. Warum erwähnte sie das erst jetzt? Wie konnte sie einen so wichtigen Hinweis vorher vergessen haben?

Dann beschrieb Judy, wie sie mit ihrer Freundin von ihrem Einkaufsbummel zurückgekehrt war und wie sie beide einen ziemlich kleinen, untersetzten Schwarzen gesehen hatten.

»Wenn ich es mir jetzt so recht überlege, schien er von unserem Haus wegzurennen«, erklärte Judy.

Die beiden Beamten waren überrascht und begannen, sie noch ein wenig mehr unter Druck zu setzen, denn sie spürten, daß Judy mehr wußte, als sie zugab.

Als nächstes lud man Debra Santana zu einem Verhör vor. Während die beiden Beamten mit Judy darauf warteten, daß ihre Freundin eintreffen würde, versuchten sie es mit einer alten und bewährten Methode, ihr die letzten Geheimnisse zu entlocken.

»Es würde uns sehr helfen, wenn Sie uns alles erzählen könnten, was Sie wissen«, erklärte Tom Gorniak.

Judy hielt einen Augenblick lang wie ein Gewichtheber inne, bevor er seine Hantel stemmt. Auf ihr lastete eine große Bürde, und die beiden Beamten wußten dies.

»Ich kenne den Schwarzen, der sich von unserem Haus entfernte. Er heißt Eddie Brown und ist Debras Freund.«

Tom Gorniak und Mike Tierney sollten bald ein volles Mordgeständnis hören.

Im September 1989 brach Judy Benkowski in Tränen aus, als sie zu einhundert Jahren Gefängnis verurteilt wurde, weil sie einen Killer damit beauftragt hatte, ihren Mann zu ermorden.

Der Staatsanwalt Michael Fleming vom Du Page County hatte für Mrs. Benkowski die Todesstrafe gefordert, aber Richter Brian Telander war der Meinung, daß es mildernde Umstände gab, die »die Verhängung der Todesstrafe ausschlossen«.

Dazu zählte die Tatsache, daß sie keine Vorstrafen hatte und unter unzähligen Gesundheitsproblemen litt. Außerdem hatten mehrere Leumundszeugen für sie ausgesagt.

Staatsanwalt Fleming bezeichnete die Strafe, die erst ausgesetzt werden kann, wenn Judy Benkowski 97 Jahre alt ist, als »fair und angemessen. Die Angeklagte hat zwar behauptet, daß sie sich scheiden lassen wollte und daß ihr Mann damit nicht einverstanden war, aber sie hatte nicht einmal Kontakt zu einem Rechtsanwalt aufgenommen«.

Am 31. August 1991 heiratete Judy Benkowski ihren Freund Clarence Jeske im Gefängnis von Dwight, Illinois.

Das Paar hatte sich kennengelernt, bevor Judys Mann umgebracht worden war, aber beide beharrten darauf, daß ihre Beziehung sich erst nach der Tat entwickelt hätte.

Aufgrund einer seltsamen Wendung des Schicksals lebt Clarence Jeske heute in dem »Todeshaus« in der South Yale Avenue. Durch seine Heirat mit Judy Benkowski wurde er zum gesetzlichen Vormund ihrer beiden Kinder.

Die Kinder schliefen weiter

Sie liebte das Licht. Ihre Haut leuchtete, das dunkle Haar glänzte, aber ihre braunen Augen, die wie Juwelen auf einem Samtkissen unter einer Schaufensterbeleuchtung wirkten, waren die Quelle ihres Geheimnisses.

Er schaute in diese Augen und spürte ihre Wärme, ohne zu wissen, welch dunkle Ereignisse auf ihn zukommen würden, denn irgendwo im Innern dieser umwerfenden Schönheit steckte eine krankhafte Besessenheit. Sie war fest entschlossen, das zu bekommen, was sie sich wünschte – koste es, was es wolle, und unschuldige Opfer würden teuer dafür bezahlen müssen.

Doch im Augenblick wollte Lydia Galladan nur ihren Geliebten Augusto Pineda und war sogar bereit, jedem seiner Befehle zu gehorchen – er sollte ihr Meister sein.

Immer wenn Augusto mit ihr zusammen war, empfand er unbändige Lust. Betrachtete er sie, dann dachte er an ihre Leidenschaft und an das schamlose Liebesspiel, das keine Grenzen kannte. Er wußte, daß sie alles für ihn tun würde. Das war ein außergewöhnliches Gefühl – zu wissen, daß die Geliebte jeden Wunsch erfüllen würde, mochte er noch so ungewöhnlich sein. Lydia konnte sich ihm einfach nicht verweigern, denn sie war von Augusto besessen und völlig in ihn vernarrt. Er hatte sie dazu gebracht, auf sexuellem Gebiet Dinge zu tun, von deren Existenz sie vorher nicht einmal gewußt hatte, aber sie zögerte keine Sekunde, ihn zu befriedigen. Wenn er es wollte, dann würde sie es eben tun; ihr eigenes Vergnügen dabei war nur eine zusätzliche Dreingabe. Wenn sie ebenfalls eine Welle der Erregung überkam, war es gut. Doch wenn das nicht passierte, dann eben ein andermal, an einem anderen Ort. Für Lydia war es viel wichtiger, daß sie ihrem Meister diente und ihn auf alle erdenkliche Weise zufriedenstellte.

An diesem Septembertag im Jahr 1982 loderten die Flammen der Leidenschaft erneut zwischen den beiden Geliebten. Es war am Nachmittag, aber für die beiden hätte es genauso gut Mitternacht sein können. Die Gardinen in dem Schlafzimmer der winzigen Wohnung waren geschlossen, doch das Licht brannte. Augusto bestand immer darauf, daß die Lampen eingeschaltet wurden, denn er wollte Lydia sowohl sehen als auch hören, und zwar ganz genau.

Am vorhergehenden Tag hatten sie sich bei einem verschlüsselten Telefongespräch verabredet.

»Okay, Mr. Galladan, ich treffe Sie dann um drei Uhr.« Augusto wollte sichergehen, daß niemand wußte, wohin er wirklich ging.

Gleich würden sie den Pakt der Lust erneut besiegeln. Sekunden nachdem sie durch die Haustür der bescheidenen Wohnung in Philbeach Gardens, Earls Court in Südwestlondon, getreten waren, gaben sie sich einander hin.

Langsam zog Lydia ihm den Mantel von den Schultern, streichelte seinen Nacken und küßte ihn leidenschaftlich auf die Lippen. Sie mußten nicht dabei reden, denn beide wußten, was gleich passieren würde. Augusto gefiel es, wenn Lydia alles für ihn tat, denn das hatte in seiner Familie Tradition. Die Frau mußte den Mann ehren und all seine Befehle befolgen. Außerdem war er davon überzeugt, daß es ihr so gefiel.

Gleich nachdem sie ihm den Mantel ausgezogen hatte, kniete sie sich vor ihm nieder und ließ ihre Hände von seinen Oberschenkeln zu seinen Knien gleiten. Dabei spreizte sie die Finger beider Hände, so daß sich die Nägel durch den Flanellstoff seiner Hose leicht in die Haut gruben. Sie wußte, daß er dabei Erregung verspürte, ein schwaches Prickeln, während ihre Daumen an den Innenseiten seiner Oberschenkel auf und ab fuhren. Die Erfüllung ihrer Lust war so nah und gleichzeitig so fern.

Augustos einzige Reaktion bestand darin, seine Hände in ihrem dichten, vollen Haar zu vergraben. Einen Augenblick lang hielt er ihren Kopf fest, wobei Erregung durch seinen Körper strömte. Sei Atem ging schneller, und er schaute auf ihren Kopf herab, der von dunklen, seidigen Locken bedeckt war.

Lydia hockte noch immer auf den Knien und streichelte ihm mit ihren schlanken Fingern. Der Liebesakt sollte ewig dauern – sie würde nichts überstürzen, es sei denn, daß Augusto es so wollte. Er mochte ihre sanften Berührungen, aber meist wollte er mehr, und sie war dazu da, all seine Launen zu erfüllen.

Jetzt streichelte er ihr Haar nicht mehr, sondern zog grob daran und preßte ihr Gesicht gegen seine Hose. Die Schmerzen, die sie dabei empfand, machten ihr nichts aus, denn sie wußte, daß er ihr damit ein Zeichen gab. Er wollte, daß sie ihn jetzt ganz befriedigte. Durch seine Hose spürte sie, wie sein steifer Penis an ihrer Wange pulsierte. Sie küßte ihn durch den Stoff, aber das reichte ihm nicht – er wollte mehr, und zwar *auf der Stelle*. Heftig grub er seine Nägel in ihre Kopfhaut und zog ihren Kopf an sich. Jetzt war es an der Zeit, den Reißverschluß seiner Hose zu öffnen.

Später dann, als Augusto einen Orgasmus erlebte, spürte sie nichts. Ihr blieb die Befriedigung untersagt. Augusto unternahm keinen Versuch, sie zu erregen, aber das störte Lydia nicht weiter, denn sie hatte bereits den Beweis seiner Lust in sich aufgenommen, und gleich würden sie von neuem beginnen.

Zuerst mußte sie sich jedoch ausziehen, denn sie wußte, daß er sie nie entkleiden würde. Außerdem sah er gerne zu, wenn sie sich auszog. Den privaten Striptease, den sie nur für ihn ausführte, genoß er sehr, und Lydia tat ihm nur allzu gern jeden Gefallen. Sie war völlig von ihm besessen, ja, sie würde alles, absolut alles für ihn tun.

Während sie sich langsam und sinnlich all ihrer Kleidungsstücke entledigte, konnte er ihrem Blick nicht widerstehen. Ihr Haar fiel über die leicht mandelförmigen Augen nach vorn, und jedesmal, wenn es ihr Gesicht bedeckte, warf sie es zurück und schaute ihm direkt in die Augen. Dann stieß sie ihre Zunge zwischen dem vollen, schmollenden Mund hervor und leckte sich über die Lippen. Wenn Augusto daran dachte, wozu diese Zunge gerade gedient hatte, wurde er auf der Stelle wieder erregt.

Dieser Striptease war auch für Lydia wichtig, denn es war der einzige Augenblick während des Liebesaktes, wo sie die Führung übernehmen, ihn provozieren und *seine Lust* kontrollieren konnte. In vielerlei Hinsicht war dies der aufregendste Moment für Lydia. Wenn sie einmal darüber nachgedacht hätte, wäre ihr vielleicht klar geworden, wie gefährlich ihre Besessenheit wurde, aber Lydia verschwendete keinen Gedanken daran; sie lebte nur, um ihrem Meister zu dienen.

Jetzt trug sie nur noch einen roten Büstenhalter, rote Strümpfe und den passenden Strumpfhalter. Langsam und provozierend hakte sie den BH auf, ohne ihn gleich ganz abzulegen; andeutungsweise wurden ihre wohlgeformten Brüste sichtbar. Jetzt glitten ihre Hände langsam, ganz langsam über ihren Bauch, und sie beobachtete, wie er sie dabei ansah. Erneut fuhr sie sich mit der Zunge über den Schmollmund, bevor sie ihre Hände unter den BH schob und ihre Brüste fest drückte. Lydia wußte, daß ihm das gefiel, aber sie war noch nicht fertig. Sie hielt dem Geliebten beide Brüste hin, kniete sich auf das Doppelbett und rieb ihre Brustwarzen zwischen Daumen und Zeigefinger. Dabei drückte sie fest zu, um sicherzugehen, daß sich die Knospen schnell vergrößerten. Innerhalb von Sekunden waren sie hart, und einen Augenblick lang schloß Lydia die Augen und genoß das Vergnügen, das sie sich selbst bereitete. Wenn er sie doch nur einmal so erregen würde ....

Jetzt zog sie den Büstenhalter ganz aus, beugte sich über ihren Liebhaber und legte sich mit ihrem ganzen Körper auf ihn.

Lydia war in Ekstase – endlich stand sie selbst kurz vor dem Höhepunkt. Seit fast drei Stunden hatten sie sich leidenschaftlich geliebt, aber erst jetzt würde sie zum ersten Mal an diesem Nachmittag gleich einen Orgasmus erleben. Augusto war bereits drei-, viermal gekommen, und im Grunde interessierte es ihn gar nicht, ob Lydia befriedigt wurde oder nicht.

Doch wie durch eine grausame Fügung des Schicksals klingelte es plötzlich. Lydia stand kurz vor dem Höhepunkt

– und war doch so weit davon entfernt. Sie versuchte, den Liebesakt nicht zu unterbrechen und wollte, daß auch Augusto weitermachte. Nicht aufhören! Nicht jetzt! Aber die Klingel läutete wie zum Hohn noch dringlicher. Fast schien es so als würde Lydia absichtlich daran gehindert, einen Orgasmus zu bekommen und diesen einen und einzigen Augenblick reinen Vergnügens zu genießen. Immer noch versuchte sie weiterzumachen, aber das Geräusch der Klingel störte zu sehr.

»Bitte, Lydia, vielleicht ist es etwas Dringendes. Du mußt aufmachen.«

Augusto war ziemlich erleichtert, daß das Läuten ihr Liebesspiel unterbrochen hatte, denn er hatte den Punkt der Befriedigung bereits lange überschritten. Jetzt wurde ihm das Ganze sogar ein wenig langweilig, und außerdem war es an der Zeit, bald zur Arbeit zu gehen. In der Bar, in der er arbeitete, erwartete man ihn um sieben Uhr.

Es schellte noch immer, als Lydia sich erhob und ihren nackten, glühenden Körper in einen pinkfarbenen Morgenmantel aus Seide hüllte. Wer mochte das sein? Lydia schob den Türriegel zurück, öffnete die Tür und wollte ihren Augen kaum trauen.

Bella Pineda kochte vor Zorn, als sie an der Wohnungstür schellte. Sie war völlig außer sich, weil ihr eigener Ehemann – der Vater ihres Sohnes – sich in dieser Wohnung aufhielt und sich mit dieser *Nutte* seinem Vergnügen hingab, zumal sie in ein paar Tagen einem hübschen, strammen Jungen das Leben schenken würde.

Sie wußte, was in dieser Wohnung vor sich ging, denn sie war ihm dorthin gefolgt, aber sie wollte es einfach nicht glauben. Tatsächlich hatte sie fast drei Stunden lang schwitzend und unruhig draußen in ihrem Wagen gewartet, bevor sie den Entschluß faßte, die beiden zur Rede zu stellen. Sie wußte, daß ihr Mann und diese Frau sicherlich nicht die ganze Zeit mit Gesprächen verbracht hatten. Sie hatten miteinander *gebumst*, daran hegte sie keinerlei Zweifel, und sie fühlte sich betrogen.

»Du Nutte! Wo ist mein Mann?«

Lydia stand wie vom Donner gerührt da. Für den Bruchteil einer Sekunde sagte sie gar nichts, denn sie wußte nicht, wie sie reagieren sollte. Sie zog den seidenen Morgenmantel enger um ihre zierliche Gestalt – eine intuitive Reaktion. Es war, als wünsche sie nicht, daß die Frau ihres Geliebten sah, was er gerade genossen hatte.

»Ich weiß gar nicht, wovon Sie reden.« Das war durchaus keine überzeugende Ausrede, und sie wußte das.

In diesem Augenblick erschien Augusto auf der Bildfläche, und als Bella ihn erblickte, fühlte sie sich noch stärker beleidigt. Ihr Mann und seine Geliebte standen fast nackt vor ihr, obwohl sie doch kurz vor der Entbindung stand!

»Wenn du nicht in einer Stunde zu Hause bist, will ich dich nie wiedersehen.«

Trotz dieser schrecklichen Situation war Bella dennoch bereit zu vergeben, denn im Grunde meinte sie es gar nicht so. Sie wollte nur sichergehen, daß er zurückkäme, denn sie liebte ihren Mann sehr und würde alles tun, um ihn glücklich zu machen. Auch ihre Aufgabe bestand darin, ihm zu dienen und ihm zu gehorchen, denn schließlich stammten Lydia und Bella beide von den Philippinen, und diese Ergebenheit war ihnen bereits von Kindesbeinen an eingeimpft worden. Die beiden Frauen hatten viel mehr miteinander gemein, als sie wußten; beide lebten sie nur für sein Vergnügen.

Selbst jetzt, als sie den Beweis für den Ehebruch ihres Mannes direkt vor Augen hatte, kreisten Bellas Gedanken nur um die Frage, wie sie ihn festhalten konnte; sie wollte sichergehen, daß die andere Frau ihn nie für sich haben würde. Schwerfällig verließ sie mit einer seltsamen Mischung aus Trauer und Befriedigung die Wohnung. Sie hatte schon seit längerer Zeit den Verdacht gehegt, daß Augusto sich mit einer anderen Frau traf, und jetzt hatte sie Gewißheit – aber sie würde schon dafür sorgen, daß er diese Beziehung aufgab. Bella wollte nie mehr in diese Wohnung zurückkehren.

»Hör zu, Lydia, ich glaube, ich kann mich nicht mehr mit dir treffen. Es ist besser, wenn wir uns nicht mehr sehen.«

Augusto hatte Mühe, seine Kleidung anzulegen, als er seiner Geliebten zu erklären versuchte, warum sie nie mehr miteinander schlafen würden, aber Lydia war nicht bereit, das so einfach zu akzeptieren.

»Aber ich muß dich sehen. Ich will doch deine Frau werden.«

Augusto schreckte zusammen. Was hatte er da angestellt? Es sollte doch nur eine harmlose vorübergehende Affäre sein. Aber kann außerehelicher Sex je harmlos sein?

Er antwortete nicht, traf aber in diesem Augenblick viele Entscheidungen: Ganz einfach, er würde sich nicht mehr mit Lydia treffen, denn das war die Sache nicht wert. Außerdem beunruhigte ihn all dieses Gerede über Heirat und Ehe. Was er sich wünschte, war Sex, keine Liebe. Konnte sie das denn nicht verstehen?

»Ich ruf' dich an.«

Augustos Stimme klang nicht sehr überzeugend, als er dies beim Verlassen der Wohnung sagte, aber was blieb ihm anderes übrig? Lydia jedenfalls deutete seine Worte richtig, konnte ihre Liebe zu Augusto aber trotzdem nicht unterdrücken – sie mußte ihn einfach haben, denn er war ihre einzige Rettung. Ohne ihn war sie nur eine einsame Krankenschwester, die in einer großen, unfreundlichen Stadt lebte.

»Hallo, Augusto. Ich muß mit dir reden ...« KLICK.

Lydia verließ der Mut, als die Leitung unterbrochen wurde, aber sie wählte die Nummer erneut.

»Wir müssen miteinander reden. Komm heute abend vorbei ...« KLICK. Schon wieder aufgelegt.

Lydia spürte, wie der Groll in ihr wuchs. Sie mußte Augusto einfach sehen – er konnte sie doch nicht einfach so abfertigen. »Er hat gesagt, er liebt mich ... Er hat gesagt, er liebt mich ... Er hat gesagt, er liebt mich ...«

Immer wieder kreisten diese Worte in ihrem Kopf, als sie erneut den Telefonhörer abnahm und die Nummer wählte.

»Ich liebe dich, Augusto. Wie kannst du mir das antun?« KLICK.

Sofort wurde die Leitung wieder unterbrochen, und Lydia

hatte Zeit genug, über Augusto nachzudenken. Glücklicher Augusto. Der Mann, der alles hatte. Eine Frau, zwei Kinder und eine hübsche Geliebte. Sie dagegen hatte nichts. Den Gedanken, daß er später an diesem Abend zu seiner Frau ins Bett kriechen würde, nachdem er seinen beiden Kindern einen Gutenachtkuß gegeben hatte, konnte sie einfach nicht ertragen. Er hatte alles, was er wollte, und diese Vorstellung war ihr unerträglich. Es mußte sich einiges ändern – sie würde ihn nicht so einfach aufgeben. Irgendeine Möglichkeit mußte es doch geben, ihn zurückzugewinnen.

Lydia setzte sich hin und überlegte stundenlang. Jedesmal, wenn sie sich einen Plan zurechtgelegt hatte, verwarf sie ihn gleich wieder, weil er ihr einfach undurchführbar schien. Dennoch konnte sie die Gedanken an Augusto nicht aus ihrem Kopf verdrängen. Sie erinnerte sich an all die leidenschaftlichen Liebesnächte, an die Worte, die er ihr ins Ohr geflüstert hatte.

Endlich hatte sie sich entschieden. Wenn alles sorgfältig geplant wurde, könnte es klappen. Lydia war wie besessen – sie mußte ihn einfach haben.

Die U-Bahn war an jenem frühen Morgen des 6. September 1982 fast leer. Der Zug fuhr aus dem Londoner Zentrum hinaus in die Vororte, während Millionen von Pendlern den umgekehrten Weg nahmen. In einem Waggon stand eine einsame Figur fast wie in Trance und starrte mit ernstem Gesicht in den schwarzen Tunnel. Selbst wenn der Zug an einer Station anhielt, wanderte ihr Blick nicht umher, um die Leute zu beobachten, die ein- und ausstiegen. Sie starrte einfach in ein ungeheures Nichts, in eine leere Höhle. Dabei verspürte sie keinerlei Gefühlserregung, sondern nur stählerne Entschlossenheit. Wenn sie bei ihrer Arbeit als Krankenschwester irgendeine unangenehme Aufgabe erledigen mußte, verhielt sie sich oft so, denn auf diese Weise konnte sie sich von der Realität lösen, und die bedrückendsten Momente wurden erträglicher. Aber dieses Mal würde Lydia Galladan einer besonderen Pflicht nachkommen, die nur für ihr eigenes, kleines, unbedeutendes Ich wichtig war.

An der U-Bahnstation Balham stieg sie aus. Die Sonne schien freundlich, und in den nahegelegenen Straßen waren Marktstände aufgebaut, vor denen sich eine geschäftige Menschenmenge herumtrieb. Lydia bewegte sich wie in einem Vakuum, so daß sie die grauen, schmuddeligen Ladenfronten kaum wahrnahm.

Sie faltete ihre Straßenkarte auf und ging in Richtung Tooting High Road, die nicht weit entfernt war; aber sie wäre sogar hundert Meilen gelaufen, um dieses spezielle Haus zu finden. Es hätte in einem Kriegsgebiet irgendwo auf der Welt liegen können, und auch das hätte ihr nichts ausgemacht. Gleich würde sie in dieses Haus gehen und ihre Pflicht tun. Ihr einziger Wunsch war es, ihn zu lieben und ihm zu gehorchen, und dafür würde sie das höchste Opfer bringen. Bald würde er sie ganz für sich haben. Sie näherte sich dem Haus in College Gardens, Tooting, aber auf der Straße hielten sich eine Menge Menschen auf, und sie wollte doch unentdeckt bleiben.

Unauffällig wartete sie an einer Straßenecke, während sie beobachtete und hoffte. Dann geschah es: Sie sah, wie Augusto das Haus verließ. Dennoch blieb sie noch eine Weile stehen, um sicherzugehen, daß er nicht zurückkäme, weil er möglicherweise etwas vergessen hatte. Sie wußte, daß er an diesem Tag morgens in der Bar arbeiten und erst Stunden später wieder nach Hause kommen würde.

Lässig schlenderte Lydia auf das kleine Reihenhaus aus rotem Backstein zu und ging an ihm vorüber, ohne auch nur einen Blick darauf zu werfen. Auf der anderen Straßenseite arbeiteten drei Bauarbeiter, und sie wollte nicht, daß sie diesen Männern an der Haustür auffiel; sie sollten nicht beobachten, wie sie in das Haus eindrang. Frustriert kehrte sie an die Straßenecke zurück. Solange die Arbeiter sich dort aufhielten, hatte es keinen Zweck, aber sie konnte sich auch nicht sehr viel länger hier herumtreiben, ohne Aufmerksamkeit zu erregen.

Na und, dachte sie. Ich werde meinen Plan dennoch ausführen. Erneut ging sie auf das Haus zu und hielt vor dem Vorgarten inne.

»Hallo, Süße.«

Das Pfeifen des Arbeiters schmeichelte Lydia, und sie erwiderte das Kompliment, indem sie ihn freundlich anlächelte. Dennoch wußte sie, daß dies fatal für sie war, denn man hatte sie gesehen. Was konnte sie jetzt tun?

Plötzlich hatte Lydia eine Idee.

Sie begann, ein paar der schönen Spätsommerblumen in dem Vorgarten zu pflücken. Die Arbeiter sollten denken, daß sie ihren eigenen Garten pflege. Ganze zwanzig Minuten lang tat sie so, als jäte sie Unkraut und entferne die und jenes aus den Blumenbeeten, inzwischen hatte die Aufmerksamkeit der Arbeiter längst nachgelassen.

Bella Pineda, die sich im Innern des Hauses aufhielt, wußte natürlich nicht, daß sie eine neue Gärtnerin angestellt hatte. Jetzt bekamen die Arbeiter auf der anderen Straßenseite Durst, denn es war fast neun Uhr, und sie hatten bereits um sieben mit der Arbeit begonnen. Also war es an der Zeit, eine schöne, altmodische, britische Teepause einzulegen.

Die drei stämmigen Männer gingen die Straße hinauf in ein nahegelegenes Café, und für Lydia war endlich die Gelegenheit gekommen, ihre Pflicht gegenüber Augusto zu erfüllen. Sie wußte, daß das, was sie plante, richtig und gerecht war, und dieses Wissen gab ihr die nötige Entschlossenheit.

In das Haus zu gelangen würde ihr keine Schwierigkeiten bereiten. Während sie so getan hatte, als erledige sie Gartenarbeiten, hatte Lydia im Erdgeschoß ein Fenster mit einem defekten Schließhaken entdeckt. Ganz leise schob sie das Erkerfenster so weit nach oben, daß sie gerade noch genug Raum hatte, um hineinzuschlüpfen. Hinter diesem Fenster tat sich das typische Wohnzimmer eines viktorianischen Reihenhauses von bescheidener Größe auf. Verteilt auf dem Fußboden lag Spielzeug herum, und auf einem zusammengebastelten Regal stand der Fernseher. Den Boden bedeckte ein beigefarbener Teppich – perfekt dazu geeignet, Schmutz unsichtbar zu machen. Außerdem standen noch zwei sehr einfache Sofas in dem Zimmer. Keine menschliche Seele war zu sehen, und Lydia war zufrieden. Alles schien perfekt, denn der Überraschungsmoment war äußerst wichtig.

Vorsichtig schlich sie durch das Zimmer auf die Tür am anderen Ende zu, doch plötzlich vernahm sie ein weinerliches Geräusch, das Lydia in dieser stillen und angespannten Atmosphäre sehr laut vorkam. Auf der Stelle hielt sie inne, denn es hörte sich an, als komme es aus demselben Raum, obwohl sich niemand dort aufhielt. Langsam ging sie weiter, und da hörte sie es wieder. Diesmal war es etwas leiser, aber genauso durchdringend.

Lydia schaute auf ihre Füße hinab: Mit einem Fuß war sie gegen einen Teddybären gestoßen, der gleich beim ersten Tritt gebrummt hatte. Dann war er auf den Rücken gerollt und hatte wieder ein Geräusch von sich gegeben. So nah war sie Augustos Kindern noch nie gewesen – den Kindern, die sie selbst gern von ihm gehabt hätte. Zum erstenmal an diesem Tag durchzuckte Lydia ein Angstgefühl. Irgendwie hatte das Brummen dieses Bären sie in Schrecken versetzt. Vielleicht war dies eine Warnung vor den Dingen, die noch kommen sollten?

Lydia erreichte die Tür und öffnete sie ganz sacht für den Fall, daß jemand sich im Flur aufhielt. Der Tür knarrte schrecklich. Eine Sekunde lang hielt sie ängstlich inne, weil sie befürchtete, daß man auf sie aufmerksam würde, aber sie konnte niemanden entdecken.

Dann hörte sie etwas – es war der unverkennbare Schrei eines Neugeborenen, der aus einem der Schlafzimmer oben drang. Schon oft hatte sie dasselbe Geräusch im Cromwell Hospital, in dem sie arbeitete, gehört. Aber das hier war etwas anderes – es war *sein* Baby. Das Kind, das *sie* ihm geboren hatte – die Frau, die Augusto nicht freigeben würde.

»Ist ja gut. Ganz ruhig, Michael.«

Noch eine unverkennbare Stimme. Sie gehöre der Ehefrau ihres Geliebten, jener Frau, die Lydias Glück zerstört hatte. Diese Stimme ermunterte Lydia weiterzugehen; der Moment der Rache rückte immer näher.

Zuerst mußte sie jedoch eine geeignete Waffe finden. Lydia schlich sich in die Küche, und es dauerte nicht lange, bis sie die Schublade mit den Messern fand. Unterdessen weinte das Neugeborene oben immer weiter, während seine Mutter

versuchte, es zu beruhigen. Das motivierte Lydia und über-
deckte auch den Lärm, den sie machte.

Jetzt befand sie sich auf der Treppe. In der rechten Hand
hielt sie ein großes, dreißig Zentimeter langes Tranchiermesser. Während sie langsam die Stufen hochstieg, glänzte es in
der Morgensonne. Oben auf dem Treppenabsatz hielt Lydia
inne. Das Weinen des Babys hatte nachgelassen – offenbar
war es seiner Mutter gelungen, es in den Schlaf zu wiegen.
Jetzt mußte Lydia sich beeilen, bevor es wieder aufwachte.
Sie hoffte, daß Donkelly, der Sohn ihres Geliebten, noch
schlief, denn das würde alles viel einfacher machen. Sie
mußte Bella erwischen, bevor sie das Schlafzimmer verließ.

Schnell eilte sie die letzten Treppenstufen hinauf. Es würde
wunderbar sein. Nur er und ich, nur er und ich, dachte sie.

Wie eine Furie drang sie in das Schlafzimmer ein. Vor ihr
lag der kleine, zehn Tage alte Michael in seinem Bettchen,
und neben ihm in einem Kinderbett sein älterer Bruder. Beide schliefen fest, aber Bella war hellwach.

»Mach, daß du hier rauskommst! Raus mit dir!«

Bella zeigte keine Angst – nur Haß erfüllte sie, reiner, un-
verfälschter Haß. Zwar sah sie das Messer vor sich, aber vor
Lydia wollte sie sich nicht fürchten, statt dessen kochte Bella
vor Zorn. Dies war die Frau, die versucht hatte, ihr den
Mann wegzunehmen, die außereheliche Geliebte, die es darauf angelegt hatte, ihr Leben zu ruinieren. Und jetzt besaß
sie auch noch die Unverfrorenheit, ihr Leben mit einem
Messer zu bedrohen, obwohl sie offenbar nicht den Mut besaß, es zu benutzen.

Als Lydia die Worte Bellas hörte, wurde ihre Entschlossenheit, Augusto zurückzugewinnen, noch stärker – jetzt
gab es kein Zurück mehr.

Bella trat einen Schritt auf sie zu, aber sie hätte genausogut
an Ort und Stelle Selbstmord begehen können, denn sofort
stieß Lydia ihr das Messer mit aller Wucht in die linke Brust;
es durchtrennte den Muskel und kratzte metallen am
Knochen.

Die Kinder schliefen weiter, ohne diesen Kampf auf Leben
und Tod zwischen den beiden Frauen zu bemerken. Lydia

drehte den Messergriff hin und her, um größtmögliche Wirkung zu erzielen, und ihre Rivalin stürzte zu Boden, als sie die Klinge wieder herauszog.

Aber Lydia war noch nicht fertig. Einen Augenblick lang stand sie da und starrte auf Bellas verdreht daliegenden Körper hinab. Zufriedenheit erfüllte sie – und dennoch sollte es noch schlimmer kommen.

Die Kinder schliefen weiter.

Lydia beugte sich vor und hielt Bella das Messer vors Gesicht. Sie wollte sehen, wie der trotzige Gesichtsausdruck ihrer Feindin sich in Angst verwandelte; diese Augen sollten sich mit der Furcht vor dem bevorstehenden Tod füllen. Und sie taten es. All ihre Selbstsicherheit war vergangen – die mutige Bella existierte nicht mehr. Übrig war nur noch ein zitterndes Wrack, dessen Blick auf das Messer gerichtet war – unfähig zu blinzeln, zu schwach, sich zu bewegen.

Ruhig stach Lydia ihr in die Kehle und stieß gleich darauf fester zu, so daß das Messer hinten am Nacken wieder zum Vorschein kam. Ihr Opfer leistete keinerlei Widerstand mehr, denn Bella war bereits auf der Reise in eine andere, sicherere Welt.

Die Kinder rührten sich noch immer nicht – und Lydia war auch noch nicht fertig.

Sie mußte sichergehen, sie mußte wissen, daß er ihr jetzt ganz gehörte, also stieß Lydia das Messer in Bellas andere Brust, wobei sie das Gefühl hatte, wie ein Soldat mit einem Bajonett in einen Sack hineinzustechen. Lydia wollte ihre Rivalin verstümmeln und ihre Schönheit zerstören. Falls er je ihren Körper sah, sollte er so angewidert sein, daß er sich abwenden mußte …

Bei jedem Stoß drehte sie den Messergriff hin und her, um größtmögliche Verheerung anzurichten. Aus Bellas Brüsten und aus ihrer Kehle sprudelte das Blut in Strömen hervor, aber dieser gräßliche Anblick hielt Lydia keinesfalls ab. Sie empfand ihn als wunderschön, als Beweis natürlicher Gerechtigkeit.

Und noch immer schliefen die Kinder weiter, ohne irgend etwas zu merken.

Nachdem Lydia etwa zwanzigmal zugestochen hatte, hielt sie inne, um ihr Werk zu begutachten. Der Körper, der vor ihr lag, zeigte offensichtlich keinen Lebensfunken mehr und war fast ausgeblutet, aber etwas in ihrem Innern trieb sie weiter an. Sie mußte diesen Körper so zerstören, daß Augusto seine Frau nie wieder würde ansehen wollen.

Erneut senkte sie die bluttriefende Klinge und zog den Rock ihres Opfers nach oben. Und wieder stieß sie mit dem Messer zu. Einundzwanzig, zweiundzwanzig, dreiundzwanzig, vierundzwanzig, fünfundzwanzig, sechsundzwanzig, siebenundzwanzig ... Jetzt war die Frau kaum noch zu erkennen.

Plötzlich regte sich der zehn Tage alte Michael; endlich war einer der beiden anderen Anwesenden in diesem Zimmer durch den Mord, der sich nur einen halben Meter entfernt zugetragen hatte, geweckt worden. Das Baby begann zu weinen, was zur Folge hatte, daß Lydia aus ihrem Blutrausch erwachte. Das schrille und durchdringende Weinen war unerträglich, und Lydia schaute das winzige Neugeborene an. Sie konnte den Lärm einfach nicht ertragen und begann langsam wieder zu Verstand zu kommen. Wäre das Kind nicht aufgewacht, hätte sie den Körper seiner Mutter weiter zerfleischt.

Sie mußte etwas unternehmen, und da gab es nur eines – der kleine Michael brauchte eine Flasche. Schließlich war Lydia Krankenschwester, und sie wußte, wie man in Augenblicken wie diesen handelte.

Ruhig ging sie die Treppe hinunter und betrat die Küche, während das Baby in dem Zimmer, in dem das Gemetzel stattgefunden hatte, weinend zurückblieb. In der Spüle wusch Lydia sich die blutigen Hände und Arme mit Seife, so wie sie es im Krankenhaus schon unzählige Male getan hatte. Zum Teil war das Blut auf ihrer Haut bereits zu einer braunen Kruste angetrocknet, so daß sie heftig scheuern mußte, um sie zu entfernen, aber der Anblick von Blut hatte ihr noch nie etwas ausgemacht.

Nachdem sie sich gereinigt hatte, ließ sie die Babynahrung leicht köcheln, bevor sie die Milch in die Flasche füllte. Es

war wirklich unbeschreiblich – sie verhielt sich ganz so, ~~a~~
sei sie die Mutter des Kindes und nicht die Mörderin seiner
Mutter.

Nachdem sie den Inhalt des Topfes in die Flasche gefüllt
hatte, prüfte sie die Milchtemperatur sogar auf dem Hand-
rücken für den Fall, daß sie zu heiß war. Nein, die Milch
schien perfekt.

Wer würde jetzt noch behaupten, daß sie kein fürsorgli-
cher Mensch war?

»Hier, mein Kleiner.«

Lydia fühlte sich fast wie an ihrem Arbeitsplatz im Krankenhaus, als sie sich über den Rand des Gitterbettchens
beugte, das Kind des Geliebten heraushob und auf ihren
Schoß legte. Sie hatte schon häufig Neugeborene mit der Flasche gefüttert, wenn deren Mütter sich etwas ausruhen wollten, aber in diesem Fall würde die Mutter für immer ruhen.

Das Baby trank aus seiner Flasche, als werde sie ihm von
der eigenen Mutter gereicht. Lydia hörte und spürte das
saugende Geräusch, als das hungrige Kind begierig nuckel-
te. Schon bald hatte es sich wieder beruhigt, und Lydia legte
es sanft und vorsichtig in sein Bettchen. Dabei achtete sie
darauf, daß es auf dem Bauch und nicht auf dem Rücken
lag, damit es nach dieser Mahlzeit nicht ersticken würde,
falls es sich übergeben mußte.

Auf dem Boden neben den beiden Kinderbettchen lag der
blutige Körper der Mutter. An den Stellen, an denen das
Blut vor ein paar Minuten so wild hervorgesprudelt war,
hatten sich jetzt rote Lachen um die Leiche herum gebildet.
Ungerührt warf Lydia einen Blick auf ihr Opfer. Sie spürte
keinerlei Gefühlsregung, sondern nur Befriedigung darüber,
daß Augusto endlich ganz ihr gehörte. *Sie* würde ihr jetzt
nicht mehr im Weg stehen.

Doch ihre Aufgabe war noch nicht ganz erledigt.

Lydia trat an den Schrank und sah die vielen bunten Kleider durch, die dort ordentlich aufgereiht hingen. Ihr Blick
fiel auf ein sehr hübsches und teures Baumwollkleid mit
Blumendruck. Sie nahm es heraus und strich über den Stoff,

117

der sich dünn, fast papieren anfühlte – das Kleidungsstück war perfekt für den gewünschten Zweck geeignet.

Sie zerknüllte das Kleid und ließ es neben dem halbbekleideten Körper von Bella Pineda zu Boden fallen, bevor sie einen letzten Blick auf die friedlich schlafenden Kinder warf. Sie würden es nie erfahren, dachte sie bei sich. Die beiden würden es nie erfahren.

Lydia zündete ein Streichholz an und warf es auf das Kleid. Auf der Stelle fing es Feuer, und ein Ausdruck völliger Befriedigung legte sich über ihr Gesicht. Jetzt hatte sie ihre Aufgabe ganz und gar erfüllt, jetzt konnte sie mit Augusto ein neues Leben beginnen. Sein bisheriges Leben war ein für allemal zerstört worden ...

Langsam breitete sich das Feuer in dem Zimmer aus, als Lydia die Treppe hinunterging und das Haus durch die Vordertür verließ. Niemand in College Gardens hatte sie an diesem Vormittag bei ihrer Tat beobachtet, nicht einmal die Bauarbeiter, die ihr ein paar Stunden zuvor bewundernde Blicke zugeworfen hatten.

Lydia ging etwas schneller, um die Straße hinter sich zu lassen, bevor Feueralarm gegeben wurde, aber eigentlich hätte sie sich deshalb keine Gedanken machen müssen. Die Flammen verzehrten die beiden kleinen Kinder und die Leiche ihrer jungen Mutter, bevor irgend jemand merkte, daß es in dem Haus brannte.

Im Innern des Schlafzimmers, in dem sich diese schreckliche Tat zugetragen hatte, breitete sich der Geruch des Todes immer mehr aus. Die Kinder hatten nicht die geringste Chance. Sie erstickten im Schlaf und wußten glücklicherweise nichts von dem, was vorgefallen war. Vielleicht war dies ein kleiner Segen.

Lydia Galladan, 26 Jahre alt, wäre nie gefaßt worden, wenn die Polizei nicht zuerst Augusto Pineda dieses schrecklichen Mordes verdächtigt hätte.

Nach tagelangen Befragungen erzählte er den Beamten von ihrer Existenz, und als die Polizei vor ihrer Tür stand, gab Lydia das Verbrechen nach wenigen Minuten zu. Es hatte des Mordes an Bella und ihren beiden kleinen Kindern bedurft, damit Lydia erkannte, daß sie die Liebe von Augusto nie zurückgewinnen würde.

Am 9. Mai 1983 wurde Lydia Galladan im Old Baily wegen des Mordes an Bella Pineda, 35 Jahre alt, verurteilt. Vom Mord an den beiden Kindern wurde sie freigesprochen, erhielt dafür aber eine Strafe wegen Totschlag.

Die Angeklagte erklärte vor Gericht: »Es tut mir wirklich leid, daß ich so viel Schaden angerichtet habe, und ich bedaure zutiefst die Schande, die ich über meine Eltern und meinen Berufsstand gebracht habe.«

Richter David Todor Price erklärte: »Ich glaube, der Tod dieser Kinder wird für immer schwer auf Ihrem Gewissen lasten.« Im Hinblick auf den Mord an Bella Pineda zeigte die Angeklagte jedoch wenig Reue.

Augusto Pineda, 35 Jahre alt, kehrte kurz nach Abschluß des Verfahrens auf die Philippinen zurück, um dort ein neues Leben zu beginnen. »Es hat als harmlose Affäre angefangen. ich weiß, daß es falsch war, aber selbst in meinen wildesten Träumen hätte ich mir nie vorgestellt, daß es so enden würde«, erklärte er nach Abschluß des Falles.

Liebesrivalinnen

Bill Buss hatte das Gefühl, daß alle Sorgen dieser Welt auf seinen breiten Schultern lasteten, denn während der letzten drei Jahre hatte er unglaublich hart gearbeitet, um seine Farm zu einem gutgehenden Unternehmen auszubauen.

Doch ständig gab es Probleme über Probleme. Als alleiniger Besitzer einer zwanzig Hektar großen Farm hatte er alle Schwierigkeiten ganz allein zu meistern. Wann mußte die Ernte eingefahren werden? War es rentabel, die Kühe mehrmals am Tag zu melken? Wie konnte er das Geld für die Wartung all seiner landwirtschaftlichen Geräte aufbringen? Es war eine nie endende Schufterei, aber die Farm bedeutete sein Leben. Er war ein guter Farmer, und außerdem blieb ihm keine andere Wahl.

Mit seinen sechsundzwanzig Jahren lautete Bill Buss' einziges Ziel, die perfekte Frau zu finden, mit der er die Familie gründen konnte, nach der er sich so sehr sehnte ... und die er braucht. Was machte es denn für einen Sinn, wie ein Verrückter auf dem Feld zu schuften, wenn zu Hause niemand auf ihn wartete? Die achtzehn Stunden Arbeit pro Tag waren schon schlimm genug, aber sie würden sich lohnen, wenn er eine Familie gegründet hatte, denn dann würde die nie enden wollende Reihe von Problemen nicht so schlimm erscheinen. Eine gute Frau und vielleicht ein paar gesunde, stramme Babys – das war es, was Bill Buss sich wünschte.

Aber bis es soweit war, mußte er weiter schuften, und die wichtigste Aufgabe auf seiner Liste an diesem Abend lautete, das mitternächtliche Melken der Kühe zu organisieren.

Bill Buss lebte in Eland, Wisconsin, und im mittleren Westen von Amerika nimmt man die Farmarbeit sehr ernst. Bill mußte unbedingt bis zum frühen Morgen ein volles Kontingent Milch bereitstellen, das dann vom Kühlwagen der Molkerei abgeholt werden konnte. Der Milchverkauf machte einen wichtigen Teil seines Einkommens aus. Es war egal, ob es zwölf Uhr Mitternacht oder zwölf Uhr mittags war – die Aufgabe mußte erledigt werden, und Bill war der einzige, der sie übernehmen konnte. Er war dafür verantwortlich, daß die Milch bis zur Morgendämmerung bereitstand, um abgeholt zu werden. Wenn die Molkerei nicht jeden Tropfen Milch bekam, den er zu liefern in der Lage war, würde sein Einkommen darunter leiden.

Doch am schlimmsten war die Warterei, denn wenn er die Kühe früher molk, würden sie nicht die Höchstmenge an Milch abgeben. Also mußte Bill sich praktisch dazu zwingen, bis Mitternacht wach zu bleiben. Manchmal war er allerdings nach seinem ausgefüllten Arbeitstag so müde, daß er abends schon gegen neun Uhr zu Bett ging, den Wecker auf 23 Uhr 34 stellte und versuchte, eine Mütze Schlaf zu nehmen, bevor er sich in den Kuhstall begab.

Aber an diesem speziellen Abend bemühte er sich, vor dem Fernseher wach zu bleiben. Während er ständig zwischen den Sendern hin und her schaltete, um der Langeweile zu entgehen, wurden seine Augen immer glasiger. Bill war kein großer Fernsehfan, und es bereitete ihm Schwierigkeiten, sich auf die Banalitäten zu konzentrieren, aus denen sich die meisten amerikanischen Fernsehsendungen zusammensetzten. Doch zumindest hielt das Fernsehen ihn wach, und das war das Wichtigste.

Gegen Mitternacht kochte Bill sich einen heißen Kaffee. Es war Mitte September in Eland, und nachts konnte es schon empfindlich kalt werden. Der Tau senkte sich in dieser Gegend so früh, so daß die Luft immer etwas kühl war. Auf jeden Fall würde ein heißes Getränk Bills Schläfrigkeit vertreiben.

Schlag zwölf begab sich Bill in den großen Kuhstall, um Dutzende von Kühen, die dort standen und auf ihn warteten, an die Melkmaschine anzuschließen. Bill dachte im Grunde nie weiter darüber nach – störte es die Tiere, wenn ihre Euter auf diese mechanische Weise geleert wurden? Sie schienen jedenfalls nie sehr verstimmt, aber es hatte sie ja auch noch nie jemand nach ihrer Meinung gefragt. Und hätte man es getan, so hätte man sicherlich keine Antwort erhalten.

Nach dreißig Minuten hatte Bill seine Aufgabe erledigt. Er stellte die Melkmaschine wieder ab und schlurfte zurück in das Farmhaus, um sich noch die vier bis fünf Stunden Schlaf zu holen, die er so dringend brauchte. Spätestens um 5 Uhr 30 mußte er aufstehen, denn die Arbeit eines Farmers hatte nie ein Ende.

»Bill, Bill, mach auf!«

Bill meinte, eine Stimme gehört zu haben, aber vielleicht war es auch nur ein Traum gewesen. Er regte sich ein wenig im Bett, schlief dann aber gleich wieder ein, denn er brauchte seinen wohlverdienten Schlaf.

Außerdem hatte er das Gefühl, daß er erst ein paar Minuten geschlummert hatte, dabei war doch jede Sekunde Schlaf, die er kriegen konnte, wichtig für ihn.

Aber war das wirklich ein Traum gewesen? Vielleicht stand jemand vor der Tür? Er griff nach seiner Armbanduhr, die auf dem Nachttisch lag. Es war 0 Uhr 45, und er war erst vor zehn Minuten zu Bett gegangen.

Doch jetzt schien alles wieder ruhig – eine unheimliche Stille, die die Luft erfüllte. Vielleicht war dies so auf dem offenen Land, denn in der Nähe gab es keine Straßen. Nie hörte man das leise Brummen eines Automotors oder das Martinshorn eines Krankenwagens. Bills Farm lag zwar in der Nähe der Stadt, aber um sie herum erstreckten sich über Meilen hinweg weite Ländereien.

Bill schlief wieder ein. Offensichtlich war es doch ein Traum gewesen. Er war sich nicht sicher, wovon er gehandelt hatte, war jedoch so erschöpft, daß schon sehr viel mehr passieren mußte, um ihn vom Schlafen abzuhalten.

»Bill, Bill, mach auf! Ich muß mit dir reden!«

Jetzt wurde die hohe Stimme von einem gleichmäßigen Klopfen an der Tür begleitet. Bill nahm die Geräusche irgendwie gedämpft wahr, aber das ist im Schlaf häufig der Fall.

»Bill, ich weiß, daß du zu Hause bist.«

Es blieb Bill keine andere Wahl. Wenn er heute nacht

überhaupt noch etwas Schlaf finden wollte, mußte er öffnen. Jetzt fiel ihm auch ein, wer dieser nächtliche Gast wahrscheinlich war, und das ärgerte ihn sogar noch mehr, denn er wollte einfach nur in seinem bequemen Bett liegen. Lohnte es sich denn, kostbare Minuten der Ruhe zu verlieren, indem er *ihr* die Tür öffnete.

Fest wickelte er den Morgenmantel um seinen zerschlagenen Körper und schlurfte zur Haustür.

»Ist ja gut, ich komm' ja schon.«

Unter normalen Umständen wäre Bill sicherlich zur Tür geeilt, um nachzusehen, was all dieser Lärm zu bedeuten hatte. Vielleicht hatte es in der Nähe einen Unfall gegeben oder war eines seiner Tiere weggelaufen?

Aber er wußte, wer in dieser Nacht vor seiner Tür stand, und *sie* ging ihm gewaltig auf die Nerven. Warum konnte sie ihn nicht einfach in Ruhe lassen? Es wäre ja nicht so schlimm gewesen, wenn die Besucherin am Nachmittag gekommen wäre, aber jetzt war es einfach *zu* spät.

Doch Lori Esker kümmerten derartige Bedenken nicht. Sie wollte Bill unbedingt sehen, und es war ihr egal, wieviel Uhr es war. Ihre Liebe zu ihm war so stark, daß sei der Meinung war, er müsse über ihren Besuch glücklich sein, egal, ob bei Tag oder Nacht.

Lori konnte Bill einfach nicht aus ihrem Kopf verdrängen. Jeden Augenblick ihres Tages, den sie an der Universität in River Falls, Wisconsin, verbrachte, mußte sie an ihn denken, egal, ob sie aß, schlief oder ihre Gedanken umherschweifen ließ.

Dann entschloß sie sich – sie mußte ihn unbedingt sehen und dachte sich nichts weiter dabei, in ihr Auto zu steigen und die 125 Meilen bis zu Bills Farm zu fahren, denn das war noch das geringste Liebesopfer.

Doch Bill hegte Lori gegenüber nicht dieselben Gefühle. sie war zwar eine attraktive, kurvenreiche zwanzigjährige Blondine, die 1989 sogar zur Molkerei-Königin von Marathon County gewählt worden war und somit sicherlich ein Mädchen, für das viele Männer alles gegeben hätten.

Aber all das bedeutete Bill nichts. Er hatte zwar eine Affäre mit Lori gehabt, nachdem er sich von Lisa Cihaski, einer anderen Molkerei-Königin, getrennt hatte, und am Anfang hatte er Lori sogar äußerst attraktiv gefunden, aber er war ein vorsichtiger Bursche, und irgendwie wurde sie ihm einfach zuviel. Allerdings bedauerte er seine leidenschaftlichen Gefühle für Lori nicht, denn sie hatten eine großartige Zeit miteinander erlebt. Und eines hatte Bill sicherlich Lori zu verdanken – er war jetzt wieder mit Lisa zusammen.

Irgendwie hatte der Sex-Appeal von Lori Bill gezeigt, daß Lisa das richtige Mädchen für ihn war. Erst jetzt war ihm bewußt geworden, was für ein phantastisches Mädchen Lisa im Vergleich zu Lori doch war. Es war im Grunde eine klassische Reaktion gewesen.

Lori hatte diese Abfuhr jedoch nicht so leicht überwunden. Sie interpretierte all ihre leidenschaftlichen Nächte mit Bill so, daß sie füreinander geschaffen wären, denn Sex und Liebe waren für Lori ein und dasselbe. Sie hatte Bill alles gegeben, und dann hatte er sich einfach von ihr abgewandt und sie abgewiesen. In den eng miteinander verbundenen bäuerlichen Gemeinden des ländlichen Wisconsin war das leichter gesagt als getan.

Und heute nacht hatte sie Bills Haus aufgesucht, um zu beanspruchen, was von Rechts wegen ihr gehörte. So einfach sollte er nicht davonkommen.

Als Bill die Haustür entriegelte, wußte er genau, was jetzt auf ihn zukam, denn schließlich hatte Lori ihn ständig verfolgt, seit er ihre Beziehung vor drei Wochen beendet hatte. Offenbar war das der Preis, den er zahlen mußte, wenn er seiner Liebe zu Lisa einen neuen Impuls geben wollte.

Doch Lori weigerte sich, die Existenz von Lisa überhaupt anzuerkennen. Sie betrachtete Bill als ihr Eigentum, denn andererseits hatte ja auch sie sich ihm mit Leib und Seele verschrieben.

»O Bill, entschuldige, daß ich dich geweckt habe.«

Natürlich tat es Lori überhaupt nicht leid, und Bill wußte das, aber er hatte keine Ahnung, daß er das einzige Objekt ihrer Phantasien geworden war.

Bevor Lori an diesem Abend vom College zu dieser langen Fahrt aufgebrochen war, war sie vor Verlangen nach Bill fast verzehrt worden. Sie hatte geplant, direkt nach dem Unterricht nach Eland zu fahren, und als sie in der Vorlesung saß, wanderten ihre Gedanken zu ihrer letzten Nacht mit Bill; sie erinnerte sich an ihre Leidenschaft in allen Einzelheiten.

Als der Unterricht zu Ende war, beschloß Lori, schnell in ihre Wohnung am anderen Ende des Campus zu fahren, ein Umweg, der ihre Reise nur um ein paar Minuten verzögern würde. Schon bei dem Gedanken, bald wieder bei Bill zu sein, ging ihr Atem schneller.

In ihrem Zimmer angekommen, war sie erleichtert, daß ihre Mitbewohnerin nicht zu Hause war. Hastig riß Lori die Kleiderschranktür auf, denn sie wollte etwas ganz Besonderes für Bill anziehen.

Für ein paar Sekunden geriet sie in Panik. Wo war es nur? Vielleicht hatte sie es bei ihren Eltern gelassen? Sie mußte es unbedingt finden, denn dieses Kleidungsstück sollte Bill davon überzeugen, daß zwischen ihnen beiden noch eine starke körperliche Bindung bestand.

Endlich sah sie es hängen; schon die Suche hatte sie erregt. Sie legte den seidenen, einteiligen Body aufs Bett und holte einen kleinen Koffer hervor, in dem sie ein paar andere Dinge für die Nacht verstaute. Der Body war wie ein enganliegender Badeanzug geschnitten, aber er hatte einen sehr viel tieferen Ausschnitt, und über dem Busen bestand er ganz aus durchsichtiger Seide. Gerade als Lori den Body in den Koffer legen wollte, hielt sie inne. Sie setzte sich auf den Bettrand und versuchte, sich die Szene am späteren Abend vorzustellen, die, wie sie hoffte, ihre Liebe zu Bill besiegeln würde.

Sie dachte daran, wie schüchtern Bill immer war, wenn sie begannen, sich zu küssen. Immer war sie es, die ihn ins Schlafzimmer führen, seine Hose öffnen, ihn streicheln und ihm dann zeigen mußte, wo sie gestreichelt und liebkost werden wollte. Er hätte am liebsten seine Hand gleich zwischen ihre Beine geschoben, und sie mußte ihn lehren, daß eine Frau noch ganz, ganz andere Sehnsüchte hat. Außerdem verlor Bill oft das Interesse, wenn Lori ins Badezimmer eilte, um sich fürs Bett sexy anzuziehen. Kam sie dann wieder ins Schlafzimmer, war er oft schon eingeschlafen.

Aus diesem Grund beschloß Lori, es diesmal anders einzufädeln. Ich werde den Body schon jetzt anziehen, dachte sie bei sich. Sie zog ihre enganliegende Jeans, die Bluse und den Büstenhalter aus und streifte sich das hautenge, verführerische Kleidungsstück über. Auf der Stelle spürte Lori eine gewisse Wärme, die durch ihren Körper strömte.

Als der Body über ihre milchweißen Oberschenkel glitt, schloß sie einen Augenblick lang die Augen und dachte an das, was später an diesem Abend passieren würde. Sie stand mitten im Zimmer, als sie die Träger des Bodys über ihre Schultern zog – er saß wie angegossen. Das glatte, seidige Material fühlte sich an ihren kalten Brustwarzen warm an, und sie spürte, wie sie sich aufrichteten. Fast bezweifelte sie, daß sie sich für die nächsten Stunden noch zurückhalten konnte.

Für einige Augenblicke stand sie so in ihrem Zimmer und betrachtete sich im Spiegel. Ihre linke Hand bewegte sich hinauf an die Stelle, wo sich ihre Brustwarzen unter der blauen Seide abzeichneten, und sie spürte ein Prickeln, das ihren Körper bis hin zu den Oberschenkeln erschaudern ließ.

Impulsiv setzte sie sich auf den Bettrand und ließ ihre rechte Hand langsam über den flachen Bauch bis zum Beinansatz gleiten. Verzweifelt versuchte sie, dem Drang zu widerstehen, ihre Hand zwischen ihre Oberschenkel zu schieben ...

Aber dann überlegte sie es sich anders. Ich muß das für Bill aufsparen, dachte sie. Für jemanden wie Lori, die sexuell so erregbar war, bedeutete dies ein echtes Dilemma, aber diese Nacht mit Bill sollte etwas ganz besonderes sein. Sie würde alles tun, um ihn zurückzugewinnen. Wenn sie sich jetzt selbst befriedigte, würde sie das nur von dem erwarteten, alles übertreffenden Vergnügen ablenken.

Eilig zog Lori einen enganliegenden Rock und eine locker

sitzende Bluse über, wobei sie darauf achtete, daß das Oberteil an der Stelle einen Blick auf den Body freigab, an der er ihren Busen bedeckte.

Schließlich zog sie noch ihre neuen weißen Stöckelschuhe mit den hohen Absätzen an. Jetzt war ihr verführerisches Outfit komplett.

Doch jetzt, als sie zu dieser unchristlichen Zeit vor Bills Haustür stand, wußte Lori nicht, wie erschöpft ihr ehemaliger Geliebter nach seinem harten Arbeitstag war, und es hätte sie auch nicht weiter gestört. Sie war nur daran interessiert, ihn mit Hilfe ihres Sexangebots zu der langfristigen Liebe zu verführen, die sie ihrer Meinung nach verdiente.

Bill blinzelte Lori mit seinen schläfrigen, müden Augen an. Das hatte ihm gerade noch gefehlt.

»Lori, warum fährst du nicht wieder nach Hause? Es ist schrecklich spät, und ich bin völlig erschöpft. Bitte. Wir können morgen früh telefonisch über alles reden.«

Doch Lori hörte nicht, was er sagte, denn sie entkleidete ihn bereits im Geist. Sein Haar war zerzaust, vielleicht sah er mit dem Ein-Tage-Bart sogar ungepflegt aus, aber sie liebte ihn deshalb nur umso mehr. Schnell drängte sie sich an ihm vorbei in das Haus und schloß die Tür hinter sich.

»Ich will dich, Bill. Ich kann es einfach nicht mehr aushalten. Ich muß dich haben. Bitte, schlaf jetzt mit mir. Hier. Du mußt es tun.«

Viele Männer wären Loris Annäherungsversuchen sicherlich an Ort und Stelle erlegen, aber nicht Bill. Er hatte sich Lisa gegenüber verpflichtet, ja er hatte ihr sogar schon einen Heiratsantrag gemacht, und außerdem war er nach all dieser erschöpfenden Arbeit hundemüde. Sex war das allerletzte, nach dem ihm in diesem Augenblick der Sinn stand.

»Geh nach Hause, Lori, und laß mich in Ruhe. Es ist vorbei.«

Wieder hörte Lori nicht zu. Sie wußte, was sie wollte, und nichts würde sich ihr in den Weg stellen. Bill wußte sich nicht zu helfen. Lori hatte ihn schon früher einmal spät abends aufgesucht, aber schließlich hatte sie seinen Bitten immer nachgegeben und war wieder gegangen. Diesmal jedoch schien sie wie besessen, ihre Augen glühten vor Lust, und sie rührte sich nicht von der Stelle. Einen Augenblick lang starrte Bill sie an, und er mußte zugeben, daß sie großartig aussah. Die hohen weißen Stöckelschuhe machten sie irgendwie größer, was ihre Kurven stärker zu betonen schien – und dann dieser enganliegende, gerade Rock, der ihren wohlgeformten Po bedeckte, und ihre vollen, festen Brüste, die sich unter der Seidenbluse abzeichneten ... Er dachte daran, wie sehr Lori es liebte, Seide auf der nackten Haut zu fühlen.

Dann riß sich Bill zusammen. Irgendwie mußte er Lori aus dem Haus schaffen. Er war nicht bereit, Lisa wegen einer einzigen dummen Liebesnacht zu verlieren; dies entsprach auch gar nicht seiner Lebenseinstellung. Er war ein ehrlicher, anständiger Bürger, der einfach nur ein ganz normales, sorgenfreies Leben führen wollte.

»Ich geh' jetzt wieder ins Bett, Lori. Meinetwegen kannst du die ganze Nacht hier herumstehen, aber ich muß morgen wieder früh raus.«

Bill stürmte aus dem Flur in Richtung Schlafzimmer. Er war sehr verärgert, aber ihm fiel keine andere Möglichkeit ein, die Situation zu handhaben, es sei denn, er hätte körperliche Gewalt angewendet und sie aus dem Haus geworfen. Doch Bill war viel zu sehr Gentleman, als daß er diese Möglichkeit überhaupt in Betracht gezogen hätte.

Vielleicht habe ich jetzt endlich meine Ruhe, dachte er, als er unter die Decke schlüpfte, denn er war überzeugt davon, daß sie das Haus durch die Haustür verlassen und ihn in Ruhe lassen würde, aber Lori Esker hatte anderes im Sinn.

Auf der dreistündigen Fahrt zu Bills Haus hatte sie sich ihre große Verführungsszene in allen Einzelheiten ausgedacht und einen Plan ausgeheckt, den sie jetzt in die Tat umzusetzen gedachte.

Dazu war es erforderlich, daß sie schnell handelte, denn sie wollte nicht, daß Bill wieder einschlief. Lori sehnte sich nicht nur nach der körperlichen Befriedigung – sie wollte auch ihr langersehntes Ziel erreichen und seine Frau und die Mutter seiner Kinder werden.

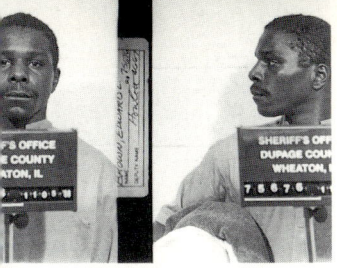

iller Eddie Brown

dy Benkowski

Debra Santana

dy Benkowski heiratet ihren Geliebten Clarence Jeske im
efängnis von Dwight, Illinois – August 1991

Paul Sainsbury – der eifersüchtige und brutale Ehemann, der die jahrelange Mißhandlung seiner Frau Pamela mit dem Leben bezahlte.

Als sie dort in dem Flur des ordentlichen Junggesellenheims stand, gab es nur eines zu tun – ihren Plan auszuführen, dem kein Mann widerstehen konnte.

Hastig knöpfte Lori ihre Bluse auf und ließ sie zu Boden fallen. Dann wand sie sich aus ihrem enganliegenden Rock, während sie vor Erwartung immer erregter wurde. Fast hatte sie dasselbe Gefühl wie am Nachmittag, als sie sich im College umgezogen hatte, aber diesmal war das Objekt ihrer Begierde nur wenige Meter von ihr entfernt.

Nur mit dem dunkelblauen Seidenbody und den hohen weißen Stöckelschuhen bekleidet, tastete Lori sich langsam durch die Dunkelheit in das Schlafzimmer vor, das sie einst so gut gekannt hatte wie das eigene.

Leise öffnete sie die Tür, als sei sie ein Einbrecher, der heimlich durchs Haus schlich, aber in Wirklichkeit war sie ein Eindringling, der es darauf anlegte, sich Bills Körper zu holen. Bill schlief bereits wieder, so daß er keinen Laut hörte, als seine Verführerin sich in sein Schlafzimmer schlich.

Lori hielt einen Augenblick lang inne und betrachtete im Licht der Stehlampe, die sie anknipste, Bills breite, nackte Schultern, während er zusammengerollt wie ein kleines Kind in dem breiten Doppelbett lag. Sie mußte ihn einfach haben. Ganz, ganz behutsam hob sie die Decke an, die ihn von der Taille ab bedeckte, und kniete sich über ihn.

Jetzt waren seine Beine zwischen ihren Schenkeln gefangen. Sie spürte sogar, wie die Absätze ihrer Stöckelschuhe sich in ihre Pobacken gruben – ein angenehmes, wenn auch etwas schmerzhaftes Gefühl.

Bill war schockiert, denn er wußte genau, was hier passierte, obwohl er nicht begreifen konnte, was Lori da mit ihm vorhatte. Sie mußte verrückt sein, dachte er bei sich. Wie betäubt lag er da und rührte sich nicht, was ihm auch nicht möglich gewesen wäre, denn er war fest zwischen ihren Schenkeln eingeklemmt, so daß es kein Entrinnen gab. Aber welcher Mann hätte sich aus dieser Lage befreien wollen?

»Ich will dich, Bill, und nichts wird mich daran hindern.« Loris Hand bewegte sich blitzschnell nach unten zwischen seine Beine und griff nach seinem Penis. Jetzt begann sie, ihn zu streicheln, und es war selbst für Bill fast unmöglich, keine Erektion zu bekommen.

»Ich denke immer nur an dich, Bill, du mußt mich befriedigen.«

Jetzt wand Bill sich hin und her und versuchte, sich aus ihrer schraubstockartigen Umklammerung zu befreien, aber während sie ihn weiter mit der Hand stimulierte, begann sie, die eigenen Brustwarzen durch den mitternachtsblauen Seidenbody zu berühren.

Lori teilte Bill auf ihre eigene unnachahmliche Art mit, daß sie sich selbst befriedigen würde, wenn er ihre Leidenschaft nicht erwiderte. Und da war noch ein weiterer, fast seltsamer Aspekt: Sie offenbarte ihre Phantasievorstellungen und teilte ihm ihre innersten Gedanken mit.

»Ich beobachte dich so gern auf dem Traktor. Es erregt mich, dich mit diesem Ding zwischen den Beinen zu sehen.«

Bill war völlig verblüfft, denn er hatte noch nie eine Frau so reden hören, aber für Lori war das völlig normal. Diesmal war sie es gewissermaßen, die den Traktor fuhr, und die sexuelle Erregung jagte wie ein Schuß Adrenalin durch ihren Körper.

Sie schloß die Augen und erinnerte sich daran, wie sie Bill vor Monaten auf dem Traktor beobachtet hatte. Dabei hatte sie sich ganz auf seine Pobacken konzentriert, die bei jeder Bewegung des Gefährts leicht auf und ab hüpften.

Wie erstarrt hatte sie eine ganze Weile zugeschaut und sich gefragt, ob er wohl eine Erektion bekam, wenn er den Traktor fuhr. Doch Bill war eigentlich nicht der Typ, dem man derartige Fragen stellen konnte. Statt dessen bewahrte Lori diese Erinnerungen für jene einsamen Augenblicke auf, wo sie allein auf ihrem schmalen Bett im College lag.

Irgend etwas faszinierte sie an dem Traktor und daran, wie Bill breitbeinig darauf saß. Immer wieder stellte sie sich vor, daß sie dieser Sitz war, daß er auf ihr hockte und ihr Liebesspiel dirigierte. Dabei war doch in Wirklichkeit meist sie diejenige, sie sich oben befand.

Als sie in dieser Nacht wieder fest auf seinem nackten

Körper saß, erinnerte sie dies erneut an jene sexuellen Wünsche. Unterdessen war Bill völlig sprachlos und wußte nicht, wie er mit dieser Situation fertig werden sollte.

Eine wunderschöne Blondine in einem seidenen, teilweise durchsichtigen Body und mit weißen Stöckelschuhen versuchte, ihn dazu zu zwingen, gegen seinen Willen – und wider bessere Einsicht – mit ihr zu schlafen. Und Loris Begeisterung schien grenzenlos. Verzweifelt versuchte sie, ihn zu erregen, indem sie ihren Busen sanft an seiner Brust rieb, während ihre linke Hand noch immer seinen Penis streichelte.

Bill konnte dieses Treiben keine Sekunden länger ertragen und fuhr sie an:

»Mach, daß du wegkommst! Geh und laß mich in Ruhe. Ich liebe dich nicht, ich liebe Lisa.«

Lori ignorierte Bill noch für eine Weile und setzte ihre verzweifelten Bemühungen fort, ihn zu erregen.

»Mach, daß du runterkommst. Auf der Stelle!«

Bills letzter Ausbruch erfüllte seinen Zweck, denn Lori hielt plötzlich inne. Ungeschickt kletterte sie von dem ehemaligen Geliebten herunter und verließ das Schlafzimmer, ohne noch ein Wort zu sagen.

Einige Minuten später hörte Bill erleichtert, wie die Haustür zugeschlagen wurde. Er hoffte, daß er Lori endlich für immer losgeworden war.

»Ich zahle bar. Meine Großmutter hat mich gebeten, ihr bei ihrem Umzug behilflich zu sein.«

Verzweifelt trug Lori ihre Bitte vor der Angestellten von Wolf's Auto Center in River Falls vor. Eigentlich war sie zu jung, um einen Wagen zu mieten, aber Kassandra Hotchkiss tat dieses wohlerzogene, attraktive Mädchen leid, denn schließlich wollte es ja nur seiner Großmutter einen Gefallen tun.

»Dieses Mal werden wir eine Ausnahme machen, aber achten Sie darauf, daß Sie nicht in Schwierigkeiten kommen.«

Im Grunde war dies typisch für Lori. Ihre Freundlichkeit

und ihr Charme brachten sie fast immer ans Ziel ihrer Wünsche. Als Kind hatte sie ihre Eltern um den kleinen Finger gewickelt, und niemand war auf der über siebzig Hektar großen Farm der Familie weiter überrascht, als sie 1989 zur Molkerei-Königin von Marathon County gekrönt wurde. Sie hatte diesen Titel unbedingt erringen wollen, also beteiligte sie sich an dem Wettbewerb – und gewann. Lori Esker sah aus als könne sie kein Wässerchen trüben, und all ihre Schulkameraden in der Highschool von Wittenberg-Birnamwood himmelten sie an.

Lori war hocherfreut und erleichtert, daß es ihr gelungen war, einen Wagen zu mieten, denn an diesem Abend hatte sie eine sehr wichtige Aufgabe zu erfüllen und war sich sicher, daß dies den ganzen weiteren Verlauf ihres Lebens verändern würde. Aus diesem Grund war es auch wichtig, daß die Dame in dem Büro des Mietwagenverleihs genau wußte, warum sie den Wagen brauchte. Es war alles Teil eines dieser Pläne, die Lori so gerne schmiedete.

Außerdem brauchte sie einen Wagen, der sie ganz sicher die 125 Meilen vom College nach Birnamwood bringen würde, wo sie jemand ganz Bestimmten treffen wollte. Die Fahrt zwischen River Falls und Loris Heimatstadt führte hauptsächlich über eine lange, ruhige Autobahn, wie man sie in den Vereinigten Staaten überall antrifft.

Auf der Straße herrschte nicht viel Verkehr, so daß ein Mädchen hier besser nicht allein unterwegs war, wenn es nicht gerade einen sehr zuverlässigen Wagen hatte. Aus diesem Grund hatte sie sich auch einen Mietwagen genommen.

Die Fahrt war recht monoton, denn das Auto hatte zwar ein Radio, aber keinen Kassettenrekorder, so daß Lori sich mit den nicht gerade umwerfenden Radiosendern zufriedengeben mußte, die ziemlich alte Hits aus den siebziger Jahren spielten. Das nächste Mal muß ich unbedingt nach einem Wagen mit Kassettenrekorder fragen, dachte sie bei sich.

Aber die eintönige Fahrt gab ihr die Möglichkeit, über Bill nachzudenken. Selbst die Art und Weise, wie er ihren Verführungsversuch abgewiesen hatte, störte sie nicht. Sie redete sich ein, daß er eben einfach ein schüchterner Bursche wäre, und außerdem war es sicher Lisas Einfluß, der ihn so wenig zugänglich machte; aber das würde Lori schon ändern.

Dann erinnerte sich Lori an die schönen Zeiten in ihrer Vergangenheit – jene Augenblicke, die sie wiedererleben würde, wenn er erst mal ihr Mann war. Und wieder dachte sie daran, wie sie ihn beim Traktorfahren beobachtet hatte.

Jetzt stand sie kurz vor dem Augenblick, in dem sie ihre gemeinsame Zukunft würde beeinflussen können. Schon dies war ein angenehmes Gefühl für Lori, denn sie genoß es, die Kontrolle zu übernehmen. Den Gedanken, irgendwann einmal nicht zu gewinnen, konnte sie nicht ertragen. Sie hatte Bill fast verloren, aber jetzt würde sie ihn zurückerobern – koste es, was es wolle.

Loris gemietete Limousine der Marke Dodge fiel unter den anderen Fahrzeugen, die vor dem Rib Mountain Howard Johnson Motel in Birnamwood geparkt waren, nicht weiter auf. Hier übernachteten Reisevertreter, wenn sie ihre langen Fahrten zwischen den Städten des mittleren Westens unterbrachen. Die meisten von ihnen fuhren Wagen, die dem Dodge von Loris stark ähnelten.

Lisa Cihaski hatte die Spätschicht in dem Motel gerade beendet und ging auf ihren Wagen zu, der in der Nähe des Dodge geparkt war.

»Hallo, Lori, was machst du denn hier? Ich dachte, du wärst im College.«

Lisa war überrascht und nervös, denn es konnte eigentlich nur einen Grund geben, warum Lori sich hier herumtrieb.

»Ich muß unbedingt mit dir reden, Lisa, und zwar jetzt.«

Loris Stimme klang kalt und emotionslos, fast hörten sich ihre Worte wie ein Befehl an.

Die beiden Mädchen stiegen in Lisas Wagen. Auf dem Parkplatz hielt sich an diesem Abend niemand auf, der die schrecklichen Ereignisse, die folgen sollten, hätte bezeugen können.

»Du kannst dich nicht mehr mit ihm treffen«, erklärte Lori, »er gehört mir.«

Lisa war völlig perplex. Sie hatte immer von Loris Existenz gewußt – schließlich war ihre erste Beziehung zu Bill bereits lang im Sande verlaufen gewesen, als er Lori kennengelernt und sich in sie verliebt hatte; ganz bestimmt war Bill kein Mensch, der das eine mit dem anderen Mädchen betrogen hätte. Doch Lisa war sich durchaus dessen bewußt, daß Lori sehr verletzt gewesen war, als Bill diese Romanze abgebrochen hatte und zu seiner früheren Freundin zurückgekehrt war.

In den letzten Wochen hatte es bereits einige unangenehme Vorfälle gegeben. Lori hatte sie beispielsweise »Nutte« und »Schlampe« geschimpft, als sie sich in einer Kneipe begegnet waren. Dies war erniedrigend in der Öffentlichkeit, aber Lisa hatte nicht weiter darüber nachgedacht; sie tat das Ganze einfach als altmodische Eifersucht ab. Auf keinen Fall konnte sie sich vorstellen, daß Lori ernsthaft böse werden könne.

Bill hatte es bisher nicht gewagt, ihr von Loris mitternächtlichen Besuchen zu erzählen, von dem seidenen Body, den hohen Stöckelschuhen und Loris Forderung nach Sex. Wahrscheinlich wußte er, daß sie kaum glauben würde, daß in jener schicksalhaften Nacht nichts passiert war.

Jetzt stand Lisa ihrer Rivalin allein gegenüber. Vielleicht würde es Schwierigkeiten geben, aber damit konnte sie fertigwerden. Zumindest glaubte sie das.

Lori hatte gegenüber Lisa einen großen Vorteil: Sie hatte diesen Augenblick bereits seit einiger Zeit geplant, und sie wußte genau, wie sie die Situation handhaben mußte. Bill sollte unbedingt zu ihr zurückkommen, denn im Grunde gehörte er ihr.

»Du weißt doch sicherlich, daß ich von Bill schwanger bin, nicht wahr?«

Loris Ausbruch war zeitlich absichtlich so festgelegt, daß er die größte Wirkung erzielen würde. Sie hatte ihre Rivalin überrumpelt, und Lisa war wie betäubt. Trotzdem glaubte sie Lori nicht, denn sie wußte, wie besessen das Mädchen war. So leicht würde Lisa ihren zukünftigen Ehemann nicht aufgeben.

Lori andererseits war ebenfalls schockiert, denn sie hatte

fest damit gerechnet, daß diese Eröffnung Lisa völlig aus der Fassung bringen würde. Sie war überzeugt gewesen, daß sie die Liebesgefühle, die Lisa möglicherweise für Bill hegte, damit völlig zerstören könne, aber nichts war weiter von der Wahrheit entfernt.

»Ich glaube dir nicht. Du lügst, weil du ihn zurückhaben willst.«

Diese Reaktion entsprach absolut nicht Loris sorgfältig zurechtgelegtem Plan, denn Lisa zeigte die eine Eigenschaft, über die Lori nicht verfügte – unerschütterliche Treue.

Lisa glaubte an Bill, denn schließlich kannte sie ihn ja schon sehr viel länger als Lori, und sie wußte, daß er ihr als erster davon erzählt hätte, wenn es wahr gewesen wäre. Bill war ein ehrenhafter, einfacher Bursche, der ein Mädchen nicht betrog, und das war auch der Grund, warum sie ihn unbedingt heiraten und anstelle von Lori Mrs. Bill Buss werden wollte.

»Aber ich sage dir, daß es stimmt«, beharrte Lori.

Es war ein letzter verzweifelter Versuch, der jedoch auf taube Ohren stieß. Lisa wußte, daß Lori nicht die Wahrheit sagte. Loris Plan hatte genau das Gegenteil bewirkt, und sie mußte sich schnell etwas einfallen lassen, denn sie hatte nicht die Absicht, das Feld einfach Lisa zu überlassen. Sie hatte geglaubt, daß die Geschichte mit der Schwangerschaft die Rivalin dazu bewegen würde, Bill aufzugeben, aber offenbar reichte dieses Druckmittel nicht aus.

»Verschwinde aus meinem Wagen«, sagte Lisa, »ich will dich nie mehr sehen, solange ich lebe.«

Sie wußte nicht, wie prophetisch diese Worte waren.

Lori schaute sich in dem Wagen um – sie wollte Lisa irgend etwas antun, sie dafür bestrafen, daß sie ihr den Freund ausgespannt hatte. Lisa sollte einen Denkzettel bekommen, den sie nie vergessen würde.

Auf dem Rücksitz lag ein blauer Gürtel. Wenn sie ihn in die Finger bekommen könnte, würde sie Lisa eine Lektion erteilen.

Unterdessen wurde Lisa ungeduldig. Sie wollte, daß Lori endlich ausstieg … und aus ihrem Leben verschwand.

In diesem Augenblick versagten die Nerven Loris: Sie lehnte sich nach hinten und ergriff den Gürtel.

Lisa begriff zuerst nicht, was da geschah, und schaute Lori fragend an. Sie war sich nicht sicher, was ihre Rivalin da vorhatte, als sie sich den Gürtel von der hinteren Sitzbank holte, aber innerhalb von Sekunden hatte Lori ihn um Lisas Hals geschlungen. *Jetzt* hatte sie die Oberhand, und ihre Feindin würde sich dafür entschuldigen müssen, daß sie sich zwischen Lori und Bill gedrängt hatte.

Der Schock und der Überraschungsangriff waren zusammen mit der brutalen Kraft Loris zuviel für Lisa. Sie stieß einen Schreckensschrei aus und versuchte verzweifelt, den Gürtel von ihrem Hals zu lösen, konnte aber nicht einmal ihre Finger unter das Leder schieben. Das Wageninnere schien eiskalt zu werden, als der Gürtel sich immer fester um ihre Kehle zog. Es gelang ihr nicht, ihn wegzureißen – und schon wich alles Leben aus ihrem jungen, zierlichen Körper. Sie hatte das Gefühl, ihr Herz würde anschwellen; es klopfte wie wild, und sie spürte, wie es bei jedem Schlag gegen ihre Brust hämmerte.

Aus dem Augenwinkel heraus konnte sie nur den Gürtel sehen, der einen ganz eigenen Willen zu haben schien. Den keuchenden Atem der Angreiferin konnte sie zwar spüren, aber ihr Gesicht nicht erkennen. Plötzlich flimmerten Lichtstreifen auf, und vor ihren Augen blitzten Sterne – bevor alles dunkel wurde. Der weiche Stoff des Autohimmels verschwamm vor ihren Augen, verschmolz mit dem Licht und kam näher auf sie zu.

Lisa wimmerte mitleiderregend. Es war ein leises Keuchen, das normalerweise zu einem lauten Schrei angestiegen wäre, hätte nicht der Gürtel ihre Kehle so eng umschlossen. Sie versuchte ein letztes Mal, die Angreiferin zu packen, und fügte sich selbst eine blutende Verletzung zu, da sie sich mit dem Fingernagel den Hals aufkratzte, während sie darum kämpfte, sich zu befreien.

Jetzt hatte sie das Gefühl, daß ihr Kopf sich von ihrem übrigen Körper löste; plötzlich hingen ihre Arme schlaff herab.

»Du Schlampe, du verdammte Schlampe.«

Die gehässigen Worte, die Lori hervorstieß, hallten laut und klar in Lisas Kopf wider. Es war das letzte, was sie hörte.

Schnell erkannte Lori, daß Lisa entweder tot oder bewußtlos war. Neben dem zusammengesackten Körper ihrer Liebesrivalin wachte sie aus ihrer mörderischen Trance auf; aber sie hatte keine Zeit, über ihre ungeheuerliche Tat nachzudenken. Sie mußte nur eines wissen: Lebte Lisa noch oder war sie bereits tot?

Mit der kalten, berechnenden Ruhe eines Berufskillers beugte sie sich vor und öffnete die Handtasche ihrer Rivalin. Dann wühlte sie den Inhalt durch, bis sie Lisas Kosmetiktäschchen fand, und nahm den kleinen Handspiegel heraus, den sie ein paar Sekundenlang an Lisas Mund hielt. Kein Hauch, gar nichts. Zum Schluß zog Lori noch den Verlobungsring von Lisas schlaffem Finger und steckte ihn in die Tasche …

Am 24. August 1990 wurde Lori Esker für den Mord an Lisa Cihaski zu lebenslanger Haft verurteilt. Der Richter im Gerichtshof von Marathon County, Wisconsin, erklärte, daß sie mindestens vierzehn Jahre der Strafe verbüßen müsse, bevor sie ein Gnadengesuch einreichen könne.

Lisas Vater Vilas Cihaski bezog sich auf die Mordanklage ersten Grades, als er nach der Urteilsverkündung meinte: »Lori wollte immer die Nummer eins sein – und sie hat die Nummer eins bekommen.«

Die Teufelin von Nancy

Die Sonne war über dem malerischen Dorf Rosieres-aux-Salines noch nicht aufgegangen, aber die Vögel sangen bereits in den Bäumen, während das Vieh friedlich auf den grünen Weiden, die das schläfrige Dörfchen umgaben, graste.

Die Obstbäume im Garten des weißgekalkten Häuschens hingen in diesem Sommer voller Äpfel und Birnen. Hin und wieder pickte ein Spatz an einer reifen Frucht, so daß sie zu Boden fiel, wo die Wespen sich über sie hermachten.

Ein Hahn krähte auf dem weiter entfernt liegenden Bauernhof am anderen Ende der Felder, in der Nähe der Straße, an der das Häuschen und eine Reihe schöner Wohnhäuser sich hübsch in die Landschaft schmiegten.

Die Straße trug den ziemlich häßlichen Namen Ruelle de l'Abattoir – Schlachthausstraße. Früher wurde meilenweit aus der Umgebung das Vieh dorthin geschafft und für die hungrige Bevölkerung in Fleischstücke zerlegt.

Das Schlachthaus existierte nicht mehr, aber der Name war geblieben. Der Geruch verrottender Kadaver war nur noch einigen älteren Bewohnern des Dorfes in Erinnerung.

Wenn die Sonne sich an klaren Junitagen wie diesem über die weiten Ebenen erhob, leuchteten die weißgekalkten Häuser in einem wunderbar warmen, orangefarbenen Glanz bevor sie im weiteren verlauf des Tages hell erstrahlten.

Der Obstgarten, der zu dem Häuschen gehörte, wurde von gepflegten Gärten begrenzt, in denen Blautannen und Zwergkiefern wuchsen und deren Blumenbeete mit Hortensien und Zinnien überfüllt waren.

Im Innern des Hauses wurde Madame Simone Weber durch das schrille Läuten des Weckers aus dem Schlaf gerissen. Es war 5 Uhr 15, und sie hatte eine wichtige Verabredung.

Eigentlich brauchte sie keinen Wecker, denn in ihrem

ganzen Leben hatte es noch keinen Tag gegeben, an dem sie nicht schon wach gewesen wäre, bevor der Wecker klingelte.

Im Grunde überraschte das nicht weiter. Madame Weber war eine angespannte, nervöse Frau von sechsundfünfzig Jahren, die in ihrem Leben viel Leid gesehen hatte. Vielleicht wollte ihr Gewissen sichergehen, daß sie es nie versäumte, morgens aufzustehen? Zumindest war das ihre persönliche Erklärung.

Sie war klein und schwerfällig, mit wäßrigen Augen, die in ihrem ausgemergelten Gesicht auffielen. Ihr Mund war verkniffen, und die Lippen wirkten hart, so daß man den Eindruck gewann, daß sie nie viel Liebe empfangen oder gegeben hatte, was sie bei anderen nicht gerade beliebt machte. Aber wenn die frühmorgendliche Schwellung um ihre Augen herum nachließ, haftete ihr eine gewisse Attraktivität an, die sie immer dann, wenn sie einen möglichen Verehrer kennenlernte, sehr vorteilhaft einsetzte.

Um 5 Uhr 30 war sie also bereits auf den Beinen und hatte sich eine weiße Bluse und einen Tweedrock angezogen, so daß sie unter den anderen Bewohnern des Dorfes eine recht respektable Figur abgab.

Durch das Fenster schaute sie auf ihren Garten hinaus, der in der noch niedrigstehenden goldenen Sonne einen wunderbaren Anblick bot.

Doch der Glanz dieser Szene machte keinen weiteren Eindruck auf Madame Weber. Ihr war allein ihre Verabredung wichtig, denn es ging um eine lebenswichtige Beziehung, und das Treffen war bedeutsamer als jedes andere, das sie je in ihrem Leben geplant hatte. Auf keinen Fall durfte sie zu spät kommen.

Als sie sich in ihren kleinen grünen Citroën setzte und den Motor anließ, bemerkte sie nicht einmal den Bauern vom oberen Ende der Straße, der ihr winkend einen guten Morgen wünschte. Ihr unhöfliches Verhalten kümmerte ihn nicht weiter, denn er war an ihr merkwürdiges Benehmen gewöhnt und akzeptierte es. Ihm und den anderen Einheimischen war es im Grunde lieber so, denn die meisten von ihnen hatten sich sowieso geweigert, ihre Existenz überhaupt anzuerkennen, nachdem sie das Haus 1980 von ihrem Mann geerbt hatte.

Normalerweise hätte man eine solche Einstellung als herzlos bezeichnen können, aber Madame Weber war eben auch nur drei Wochen mit dem vierundachtzigjährigen Gendarme Marcel Fixart verheiratet gewesen.

Die Heirat hatte in dieser Gegend einen Skandal ausgelöst. Im Dorf tratschte man, daß Monsieur Fixart von Madame Weber zu dieser Hochzeit gezwungen worden war, von der er nicht einmal wußte, daß sie stattgefunden hatte.

Das Paar hatte sich durch die Spalte Bekanntschaften in einer örtlichen Zeitung kennengelernt. Früher einmal hatte Madame Weber selbst eine Partnervermittlung geleitet und wußte, wie verletzlich die Menschen waren, die eine solche Einrichtung nutzten.

Auch wußte sie nur allzu gut, daß ihr damaliger Job als Wäscherin einen zukünftigen Partner kaum beeindrucken würde. Aus diesem Grund legte sie sich vor dem ersten Treffen mit dem alten Mann eine graue Perücke zu, nannte sich Monique Thuot und gab sich als pensionierte Philosophieprofessorin aus.

Die Beziehung entwickelte sich nur langsam – viel zu langsam für Madame Webers Geschmack. Für ihr zukünftiges Leben war es unbedingt notwendig, daß sie Monsieur Fixart heiratete, aber er reagierte auf ihre Annäherungsversuche etwa so schnell wie eine Schildkröte, die versucht, die Alpen zu erklimmen.

Es gab nur eine Möglichkeit.

Im Standesamt von Straßburg war die Heirat zwischen dem älteren Witwer und der pensionierten Professorin wie eine Märchenhochzeit inszeniert worden. Doch Monsieur Fixart selbst hielt sich zu diesem Zeitpunkt in Nancy auf und hatte keine Ahnung von diesem Treiben.

Georges Hesling, ein alter ehemaliger Schauspieler, hatte Monsieur Fixarts Part übernommen und von Madame Weber dafür eine kleine Summe erhalten.

Alles funktionierte traumhaft, aber dann kam es noch besser: Beide Männer starben innerhalb weniger Wochen, so daß es keine Zeugen mehr für den Betrug gab.

Monsieur Fixarts Familie war außer sich, als sie *nach* dem Tod des alten Mannes von der Heirat erfuhr, aber sie konnte nichts dagegen unternehmen.

Madame Webers Überlebensplan hatte funktioniert. Sie erbte etwa 100 000 Francs und ein hübsches Häuschen. Die Wahrheit kam erst Jahre später ans Licht.

Noch immer kreisten ihre Gedanken nur um eine Sache – ihre Verabredung.

Madame Webers Wagen kam mit quietschenden Bremsen vor den Toren der alten Fabrik am Stadtrand von Nancy zum Stehen, aber keiner der Arbeiter, die sich auf einen weiteren harten Arbeitstag vorbereiteten, würdigte sie auch nur eines Blickes.

Die Männer waren an den Anblick des Wagens gewöhnt. Madame Weber war hier bekannt, und fast alle wußten, worauf sie wartete.

Während die Minuten vergingen und sie so in ihrem Wagen saß, wurde sie immer unruhiger.

In nur drei Metern Entfernung hockte der achtundvierzigjährige Vorarbeiter Bernard Hettier in seinem Versteck und fragte sich, was er tun sollte.

Er konnte den Citroën in der Ferne sehen, aber glücklicherweise hatte Madame Weber ihn noch nicht erblickt.

Bernard gehörte zu der Sorte dieser gutaussehenden älteren Franzosen. Er hatte noch immer volles, rotblondes Haar, eine schlanke Figur und zerfurchte, fast knorrige Gesichtszüge.

In den letzten Monaten war er peinlich bemüht gewesen, Madame Weber aus dem Weg zu gehen. Im Grunde war alles sein Fehler – er hätte sie nie dazu ermutigen sollen, das Bett mit ihm zu teilen, aber sein unersättlicher Appetit auf das andere Geschlecht brachte ihn oft in Schwierigkeiten.

In seinen zwei Ehen hatte Bernard der fleischlichen Lust nie widerstehen können. Oft nahm er vagabundierende

Frauen mit und verführte sie, bevor er sie wieder fortjagte. Er liebte sie alle – Alkoholikerinnen, Herumtreiberinnen, verlorene Seelen.

Vor ein paar Wochen beispielsweise hatte er eine dunkelhaarige Frau in einer Bar in Nancy kennengelernt. Bernard trank in aller Ruhe sein Bier und beobachtete sie. Zuerst schaute sie leicht verlegen weg, aber er blieb hartnäckig und schwankte schließlich zu ihrem Tisch hinüber. Die beiden sprachen nur wenig, aber Bernard war fest entschlossen, das zu bekommen, wonach ihm verlangte. Fünfzehn Minuten später verließ er die Bar mit der Frau, die Ende Vierzig war. Er mochte etwas ältere Frauen, denn sie waren viel unkomplizierter als die jungen. Außerdem hatte er die Erfahrung gemacht, daß ältere Frauen sich ungehemmter hingaben. Wahre Liebe war ihnen nicht mehr so wichtig – ihnen ging es genau wie ihm um die Lust.

Keine Stunde später verließ das Paar die kleine Pension wieder und winkte sich, nachdem es sich gerade geliebt hatte, gleichgültig zum Abschied zu.

Bernards Erfolgsliste war erstaunlich. Offenbar wirkte sein Charme, obwohl er nur auf einer einfachen Theorie beruhte: Alle Frauen wollen mit einem Mann ins Bett gehen, egal, was sie vorher behaupten.

Dieses Prinzip war es auch, das ihn im Dezember 1983 zu der ausgesprochenen unattraktiven Simone Weber hingezogen hatte.

Sie hatte ihn angerufen, weil ihr Rasenmäher reparaturbedürftig war; ein Freund hatte ihn ihr empfohlen. Eigentlich hätte Madame Weber selbst wissen müssen, wie die Maschine zu reparieren war, den schließlich konnte sie auf viele Erfahrung als Automechanikerin und Restaurateurin alter Motoren zurückblicken. Doch obwohl sie viele Stunden an dem Motor herumgebastelt hatte, war es ihr nicht gelungen, ihn zu reparieren – bis Bernard auftauchte. Innerhalb weniger Minuten lief die Maschine wieder, und Bernard führten den letzten Schnitt vor dem Schnee unter den Obstbäumen vor ihrem Haus aus.

Über dreißig Minuten lang schob er den Rasenmäher

durch den großen Garten, während Simone ihn liebevoll durch ein Fenster im Erdgeschoß betrachtete. Voller Dankbarkeit lud sie ihn nach getaner Arbeit ins Haus ein, wie es die Höflichkeit verlangte.

Als sie ihm eine Flasche Bier einschenkte, spürte sie ein leichtes Beben in ihre Magen, und ihre Hände verrieten ihre Erregung. Sie konnte einfach nicht die Augen von diesem attraktiven Mann abwenden, und Bernard spürte mit seiner feinen Nase, daß Sex in der Luft lag. Als die Wirkung des Alkohols einsetzte, die Hemmungen löste und die Perspektiven veränderte, studierte er ihre knolligen Gesichtszüge, die plötzlich auf ganz eigene, ungewöhnliche Art und Weise attraktiv wirkten. Er spürte, wie er sich zu dieser plumpen, mütterlichen Figur hingezogen fühlte. Dickere Frauen sind immer sehr sexy, dachte er, sie haben mehr zu bieten, und er war sich sicher, daß sie auch für ihn Zuneigung empfand.

Etwa eine Stunde später liebten Bernard und Madame Weber sich leidenschaftlich oben in ihrem Schlafzimmer, und dies war der Anfang ihrer Beziehung.

Jetzt hockte er hinter einer Fabrikmauer, beobachtete und wartete. Er war sich nicht sicher, ob er dieser Frau, deren besitzergreifende Liebe so unerträglich geworden war, daß er eine seiner Lebensregeln gebrochen und die Affäre von sich aus beendet hatte, entgegentreten sollte.

Bernard hatte immer sein unbeschwertes Naturell und seinen ausgeprägten Sinn für Humor eingesetzt, um sich gegen den Ansturm von ehemaligen Geliebten, von denen es viele in seinem Leben gab, zu wehren.

Seine ganze Lebenseinstellung war so locker, daß sie meistens auf diese Frauen abfärbte und er war stolz darauf, daß es immer wie im gegenseitigen Einvernehmen erschien, wenn er Schluß machte. Zurück blieben nie bittere, häßliche Gefühle, sondern alles ging sehr zivilisiert zu.

Doch schließlich wußten viele dieser Frauen nicht einmal seinen vollen Namen, so daß es nicht weiter schwer war, eine Affäre zu beenden. Aber Madame Weber bildete da eine Ausnahme, was Bernard nervös machte. Zufällig wußte sie auch, daß es keinen anderen Ausgang in der Fabrik gab, und es störte sie nicht weiter zu warten. Irgendwann mußte ihr Geliebter ja durch dieses Tor treten.

Glücklicherweise schien sie sich nicht bewußt zu sein, daß Bernard sich als höchst unwilliger Teilnehmer bei diesem romantischen Spiel fühlte. Er hatte ihr zwar deutlich gesagt, daß ihre Affäre beendet war, weil er eine andere Frau kennengelernt habe, aber sie hatte sich standhaft geweigert, diese Tatsache zu akzeptieren. Sie brauchte Bernard und sehnte sich verzweifelt nach seinem Körper und seiner Gesellschaft, denn er verlieh ihr ein Gefühl von Jugend, wie es noch keinem Mann zuvor gelungen war

Ihr Verlangen nach körperlichem Kontakt, nach Gefühlen, Berührungen und Sex schien unstillbar.

»Es hat keinen Zweck. Ich muß ihr gegenübertreten«, dachte Bernard an diesem Morgen bei sich, denn schließlich konnte er nicht den Rest seines Lebens in diesem Versteck zubringen. Nach der zehnstündigen Schicht in der Fabrik war er völlig erschöpft – und jetzt auch noch *das*.

Bernard nahm all seinen Mut zusammen, holte tief Luft und ging auf das Eingangstor zu. Er wußte, daß Madame Weber ihn innerhalb von Sekunden erblicken würde, aber er hatte sich gewappnet und starrte stur geradeaus. »Sie wird schon kapieren, was los ist, wenn ich ihr nicht in die Augen sehe«, dachte er, aber damit lag er völlig falsch.

Madame Weber war in Hochstimmung. Endlich – da war Bernard. Er wirkte zwar müde, aber was machte das schon? Sie hatte nur Augen für seine attraktiven Gesichtszüge, und in ihrem Innern wallte ein warmes, sinnliches Gefühl auf. In diesem Augenblick wurde ihr bewußt, daß sie Bernard liebte, denn dies waren die entscheidenen Anzeichen.

Bernard blickte verstohlen nach rechts, um herauszufinden, ob sich in dem Citroën irgend etwas regte, denn er wollte ihr auf keinen Fall in die Augen sehen.

Völlig überrascht hielt er einen Moment lang inne: Der Wagen war leer. Wo war sie? Vielleicht war es doch nicht ihr Wagen? Erleichtert atmete er auf.

Plötzlich ergriff eine Hand die seine. »Bernard, es ist so

schön, dich zu sehen. Wir müssen unbedingt miteinander reden.«

Auf der Stelle verließ ihn aller Mut, und die innere Anspannung kehrte zurück. Warum konnte sie ihn nicht endlich in Ruhe lassen?

Wie konnte er sie bloß loswerden? War er denn emotional ihr Gefangener?

Doch das Schlimmste für Bernard war die Versuchung. Schon vor Monaten hatte er dieser Frau den Laufpaß geben wollen, aber jetzt, da er in ihrer Nähe war, würde es fast unmöglich sein, ihr zu widerstehen. Sein körperliches Verlangen gewann immer die Oberhand und lauerte ständig auf die nächste Gelegenheit. Egal, wie sehr er sie im Grunde auch haßte, er würde nicht in der Lage sein, sich zurückzuhalten.

Dennoch wäre es ihm lieber gewesen, wenn sie nicht dagewesen wäre.

Bis zu diesem Augenblick hatte Bernard nur mit einem flüchtigen »Hallo« reagiert, aber das reichte schon aus – er hatte nachgegeben und ihren Gruß erwidert.

Jetzt war er ihr Gefangener. Bisweilen wurde er in ihrem Wohnzimmer ohne ersichtlichen Grund schwach und fiel in Ohnmacht. Dies geschah immer dann, wenn er gehen wollte, nachdem er ihr die versprochene Dosis Leidenschaft, nach der sie sich so sehnte, gewährt hatte.

Bernard hätte das Haus am liebsten jedesmal gleich verlassen, wenn er seine Pflicht getan hatte. Ein Gefühl von Schuld und Ekel überkam ihn, wenn er neben dieser dicken alten Frau lag, die so sehnsüchtig in seine Augen starrte. Angewidert wandte er sich dann ab und versprach sich: »Nie, nie wieder.« Doch er kehrte immer wieder zurück.

Jedesmal wenn er bewußtlos gewesen war, wachte er in ihrem Bett auf, und sie kümmerte sich um ihn, bis es ihm wieder besser ging. Liebevoll pflegte sie ihn und flößte ihm Medikamente ein, die ihn wieder auf die Beine bringen würden, wie sie behauptete, und Bernard hatte das Gefühl, für immer in ihrer Schuld zu stehen. Dies war auch ein Grund dafür, daß er nicht einfach aufstehen und gehen konnte, denn das wäre unhöflich gewesen. Also blieb er noch ein wenig länger und fühlte sich verpflichtet, sie noch einmal zu befriedigen.

Die Ohnmachtsanfälle waren jedoch nicht das einzige, was ihn beunruhigte – in letzter Zeit hatte er auch regelmäßig Erinnerungslücken gehabt. Des öfteren hatte er, nachdem er mit Madame Weber ausgegangen war, Termine und Absprachen vergessen, die er getroffen hatte.

Wenn er mit ihr schlief, geriet er bisweilen in einen tranceartigen Zustand und verlor dann jedes Zeitgefühl, so daß er viel zu lange bei ihr blieb. Schließlich begannen seine Freunde, sich über seine Unzuverlässigkeiten zu beklagen. Warum nur kam er immer zu spät, wenn er bei ihr gewesen war?

Schließlich fragte er sich, ob sie irgend etwas damit zu tun hatte, aber diese Vorstellung schien ihm einfach lächerlich. Die Sache nahm jedoch ernste Züge an, als er an seinem Schreibtisch in der Fabrik des öfteren einschlief. Einmal wurde er sogar fast von seinem Chef entlassen, als man ihn zusammengesackt an seinem Arbeitsplatz vorfand.

Bernard ließ sich im örtlichen Krankenhaus untersuchen, und die Ärzte meinten, daß er möglicherweise von jemandem unter Drogen gesetzt würde. Damals hatte es bei ihm noch nicht geklingelt – wer würde so etwas tun wollen und warum?

Doch jetzt, als er mit der Frau, die er eigentlich niemals wiedersehen wollte, draußen vor dem Fabriktor stand, ging ihm endlich ein Licht auf.

»Laß uns zu dir gehen, wir müssen unbedingt miteinander reden«, beharrte Madame Weber.

Schon wieder. Bernard mußte nicht einmal antworten, denn dies war ein Befehl, keine Bitte, und es hatte keinen Zweck, sich zu widersetzen.

Als sie über gewundene, von Hecken gesäumte Straßen die fünf Kilometer zu seinem bescheidenen Heim fuhren, dachte er an das letzte Mal, als sie ihn vor der Fabrik abgefangen hatte. Damals hatte er sich geschworen, daß sie ihn nie wieder in ihren Bann ziehen sollte.

Dieser Vorfall hatte sich erst vor ein paar Wochen zugetragen, aber jetzt befand er sich schon wieder in ihrer Gewalt und war so schwach wie immer.

Als das Paar mit dem Wagen vor seinem einfachen Haus anhielt, war es in der Nachbarschaft noch immer totenstill. Es war erst 6 Uhr 30, aber als Bernard Hettier *sich geistig auf das, was kommen würde, vorbereitete*, hatte er das Gefühl, daß der Tag bereits vorbei sei.

Im Innern des Hauses erwiderte Madame Weber voller Wärme die Gefühle, die sie so viele Male genossen hatte, als sie sich noch regelmäßig geliebt hatten.

Sie erinnerte sich an die Liebesnächte in dem schäbigen Schlafzimmer mit der abgenutzten cremefarbenen Tapete. Zu Anfang war er voller Energie und erfindungsreich gewesen und hatte sie auf unglaubliche Gipfel der Ekstase gebracht.

Jetzt kochte sie Kaffee, während Bernard sich fragte, wie er sich diese Schwierigkeiten eingebrockt hatte. Was um alles in der Welt hatte ihn dazu getrieben, diese pummelige Frau zu verführen und dann zu erwarten, daß er die Beziehung so einfach aufgeben könne? Es war offensichtlich, daß sie ihn nicht in Ruhe lassen würde. Wie konnte sie – diese farblose ehemalige Krankenschwester und Automechanikerin – auch akzeptieren, daß alles vorüber war? Schließlich hatte sie nichts – niemanden, der sie liebte. *Ihm* dagegen ging es gut, denn *ihm* standen immer genug Frauen zur Verfügung, während sie wahrscheinlich lange würde suchen müssen, bis sie wieder einen Mann fand.

Daran hätte er denken sollen, als sie sich damals in ihrem Garten kennengelernt hatten.

Jetzt, als sie so dasaßen und ihr Gespräch schwierig, ja fast gehemmt war, dämmerte es Madame Weber endlich, daß er sie für immer loszuwerden trachtete.

Seine Antworten bewiesen ihr gegenüber eine gewisse Gleichgültigkeit, aber er hatte die Rechnung ohne den Wirt gemacht. Sie würde schon dafür sorgen, daß er ihr nicht entkommen konnte, er würde sie nicht einfach so zur Seite schieben. Diesmal nicht, denn solche Situationen hatte sie schon zu oft erlebt.

Sie hatte auch seine ständigen Eskapaden mit anderen Frauen akzeptiert. Ja, einmal war sie sogar unerwartet in seiner Wohnung aufgetaucht und hatte ihn in flagranti erwischt. Was sie dabei am meisten verletzte, war die Tatsache, daß es sich bei dieser Frau um irgendeine Herumtreiberin gehandelt hatte, die zudem noch älter war als sie.

Andererseits erregte es sie auch, daß er, was die Sexualität betraf, wie ein Tier veranlagt war.

Plötzlich verspürte Bernard leichte Übelkeit, aber er nahm an, daß dies auf die harte Nachtschicht zurückzuführen war.

Schläfrig beobachtete er Madame Weber, die ihm am Küchentisch gegenüber saß, aber langsam wurden ihre Umrisse immer verschwommener.

Dann blinzelte er, und jetzt konnte er sie wieder ganz scharf erkennen.

Aus ihrem Mund strömten Worte, die die Luft zu durchschneiden schienen. »Wie läuft die Arbeit? Urlaub … Urlaub … *Tatsächlich?*« Ihre Worte glichen festen Objekten, die jedesmal, wenn sie in seinen Kopf eindrangen, in seinem Geist herumzuhüpfen schienen.

Bernard wurde immer verwirrter, und schließlich sackte sein Kopf auf die Brust. Alles, was er jetzt brauchte, war wohltuender, willkommener Schlaf. Er hob den Kopf wieder, und es gelang ihm gerade noch einmal, das Bewußtsein kurz wiederzuerlangen – dann sollte er nie mehr aufwachen.

In den von Fett gepolsterten Muskeln von Madame Weber steckte viel Kraft, die sie sich angeeignet hatte, als sie in ihrer Werkstatt in Nancy Oldtimer restauriert und repariert hatte.

Diese Kraft konnte sie gut gebrauchen, als sie Bernard aus ihrem Wagen hievte und in die kleine Wohnung ihrer Schwester in der lärmenden Avenue de Strasbourg im Herzen der geschäftigen Stadt zerrte.

Er war nicht bei Bewußtsein, aber irgendwie gelang es ihr, es so aussehen zu lassen, als helfe sie einem Betrunkenen, als sie sich am frühen Nachmittag abmühte, ihn die Treppen des vierstöckigen alten Gebäudes hinauf ins erste Stockwerk zu schaffen.

Sie war fest entschlossen, ihre Rechnung mit diesem Don Juan der Vororte ein für allemal zu begleichen. Es war eine harte Prüfung, die sie sich da auferlegt hatte, aber sie würde beweisen, wie groß ihre Liebe für ihn wirklich war.

Jean Haag und seine Frau Marie waren beide schon über achtzig, und sie lebten bereits seit vierzig Jahren im Erdgeschoß dieses Hauses. Die beiden alten Leutchen kannten Madame Weber und ihre Schwester Madeleine recht gut, wie es unter Nachbarn ebenso üblich ist.

Monsieur und Madame Haag führten ihr ganz eigenes Leben. Mit neumodischen Dingen wie dem Fernsehen wußten sie nichts anzufangen, aber eine Hauptbeschäftigung, die sie mehr als alles andere am Leben erhielt, war eine gesunde Neugier gegenüber allen Dingen, die um sie herum vor sich gingen. In diesem Haus und auf der Straße draußen gab es nichts, was ihren Augen und Ohren verborgen blieb.

Häufig beobachteten sie durch das Fenster an der Straßenseite, das direkt neben dem Treppenaufgang lag, wer kam und ging, oder sie schauten durch den Türspion, um zu sehen, ob irgend jemand sich im Flur aufhielt.

Im Grunde brauchten sie kein Fernsehgerät, denn sie genossen rund um die Uhr eine Live-Show mit echten Menschen.

Eines ihrer Lieblingsthemen war Madame Weber und ihre Aktivitäten, denn diese Frau faszinierte die beiden alten Leute besonders. Manchmal eilte sie spät nachts durch das Treppenhaus und verbrachte die Nacht oben in der Wohnung. Bei anderen Gelegenheiten hielt sie sich den ganzen Tag dort auf und amüsierte sich offensichtlich mit Männern. Verwirrt lauschten die beiden alten Leutchen dann auf das Gepolter und Gequietsche, das aus der Wohnung über ihnen drang, denn es war lange her, daß sie ein Bett auf diese Weise benutzt hatten.

Auch an diesem Nachmittag entging ihnen das Treiben

von Madame Weber nicht, als sie einem sehr betrunkenen Freund die Treppe hinaufzuhelfen schien.

Aufmerksam beobachtete Madame Haag vom Fenster aus, wie Madame Weber ihren Schlüssel suchte. Anschließend schaute ihr Mann durch den Türspion und sah, wie das Paar durch den Flur polterte. Ob der Mann das Haus wieder verließ, konnten sie nicht feststellen.

In der Wohnung im ersten Stock machte Madame Weber einen Höllenlärm. Bernard lag jetzt flach ausgestreckt auf dem Boden des Wohnzimmers, und sie fühlte seinen Puls, der nur noch schwach schlug. Anschließend riß sie schwarze Müllbeutel auf, legte sie neben Bernard auf den Boden und schob sie dann unter seinen Rücken.

In der Zimmerecke lag ein riesiger Steinschneider bereit, ein Gerät das überhaupt nicht hierher zu passen schien. In dem Zimmer nebenan befanden sich zwei Gewehre vom Kaliber 22, ein Schalldämpfer und drei Stangen Dynamit, bei deren Anblick Madame Weber schadenfroh grinsen mußte.

Dies sollte der Höhepunkt für sie sein. Seit Bernard ihre Verbindung, die für sie wie eine Verlobung gewesen war, beendet hatte, war sie auf diesen Augenblick vorbereitet. Zwar hatte sie die ganze Zeit über gehofft, daß ihre Beziehung neu belebt werden könne, aber jetzt wußte sie, daß es nicht sein sollte.

Immer wieder dachte sie daran, wie glücklich sie als Liebespaar gewesen waren, viel glücklicher, als sie sich je zuvor in ihrem Leben gefühlt hatte.

Wie sie ihre erste Ehe, aus der fünf Kinder stammten, überlebt hatte, war ihr unerklärlich. Ihr Gatte war ein stiller, stoischer Mann namens Jacques Thout gewesen, aber seine Ruhe wurde bald durch Madame Webers beherrschende Art für immer gestört.

Monsieur Thout jedenfalls beschrieb seine Ehe als »Hölle auf Erden«, was durch die Tatsache, daß sie ihn in eine Irrenanstalt einweisen ließ, nachdem er angeblich versucht hatte, sie umzubringen, nicht besser wurde.

Dies war ihre Rache an einem Ehemann gewesen, dessen

einzige Sünde darin bestand, ein ruhiges Leben führen zu wollen, dem jener emotionaler Aufruhr fehlte, den Madame Weber offenbar zum täglichen Leben brauchte.

Später sagte Monsieur Thout, daß der Augenblick, als er in einer Zwangsjacke in die Anstalt eingeliefert wurde, »wie der Übergang aus einer Hölle in die nächste« gewesen sei.

Und was war mit den fünf Kindern geschehen? Das instabile Leben ihrer Mutter färbte sich mit herzzerreißenden Konsequenzen auf sie ab. Eine Tochter beging als Jugendliche Selbstmord, und die Ursachen wurden nie offengelegt. Der Sohn, den Madame Weber abgöttisch liebte, sollte in Deutschland seinen Militärdienst leisten. Auch er nahm sich das Leben, denn er konnte es nicht ertragen, von der Mutter, die er so liebte, getrennt zu sein.

All dies trug sich von der absurden zweiten Ehe zu, die nie vollzogen worden war. Und dann hatte sie Bernard kennengelernt, doch auch er erwies sich als genauso schlecht wie die anderen, und in vielerlei Hinsicht schien er sogar noch schlimmer. Zumindest waren ihr die anderen Männer, so grundverschieden sie auch waren, treu gewesen.

Doch jetzt hatte sie einen Plan, der sicherstellen sollte, daß Bernard zumindest in Gedanken stets ihr gehören würde. Wenn sie ihn schon nicht haben konnte, sollte ihn auch keine andere besitzen.

Schon immer hatte sie gewußt, daß der Wille zu töten in ihr steckte – Bernard mußte den Beweis dafür liefern.

Das Sägeblatt drehte sich zuerst langsam, als sie die Maschine anstellte, aber schnell nahm die Geschwindigkeit zu, so daß man die einzelnen Zähne des Blatts bald nicht mehr erkennen konnte.

Der Angestellte in dem Werkzeugverleih hatte Madame Weber am Tag zuvor gewarnt, daß diese Säge eigentlich ein Werkzeug für Männer sei. Die Bemerkung hatte sie wütend gemacht, denn sie hatte in den vergangenen Jahren viel größere Geräte bedient. Wie konnte er es wagen zu behaupten, sie sei nicht in der Lage, eine solche Maschine zu handhaben? Sie würde es ihm schon zeigen.

Frauen sind genauso stark wie Männer, wenn sie wollen dachte sie, aber Männer sind immer der Meinung, sie seien besser. Man mußte ihnen eine Lektion erteilen.

Dennoch hielt sie sich an die Warnung: »Die Säge ist sehr gefährlich. Seien Sie beim Umgang mit ihr äußerst vorsichtig, sie kann leicht einen Finger abtrennen.«

Es war genau das, was sie brauchte.

Jetzt hob Madame Weber die schwere Säge an.

Geschützt durch eine nagelneue kunststoffbeschichtete Schürze und enganliegende schwarze Gummihandschuhe, kniete sie sich hin und hielt das Sägblatt an Bernards Körper. Erstaunt stellte sie fest, wie wenig Widerstand sich dem Blatt entgegensetzte.

Der Einschnitt war deutlich und präzise, und ihre Hand zitterte kaum, als sie mit der Säge über seine Brust fuhr. Im Grunde war es ein Kinderspiel, denn das Blut gerann, wenn es mit dem heißen Metall in Berührung kam, so daß das Fleisch gleich wieder versiegelt wurde, während sie weiterschnitt. Bald würde er in schöne, quadratische Stücke zerlegt sein, und dann würde sie ihn ganz leicht abtransportieren können, ohne jede Probleme ...

In der darunterliegenden Wohnung entging Madame und Monsieur nicht dieser Lärm, der wohl durch einen Staubsauger verursacht wurde. Dennoch schien es für einen Staubsauger irgendwie ein merkwürdiges Geräusch zu sein. Aber was wußten sie schon?

Madame Weber begann jetzt zu begreifen, warum das Zuschneiden von Betonblöcken von manchen Menschen als Kunstform betrachtet wird.

Jedesmal, wenn sie in einen anderen Teil von Bernards Körper schnitt, spürte sie, wie ein Adrenalinstoß angenehm durch ihre Adern floß. Die Muster, die sie formen konnte, waren recht hübsch. Es war so *nett* von Bernard, daß er ihr weiterhin so viel Vergnügen bot.

Sie hatte die Arme und Beine bereits mit Leichtigkeit von dem Torso getrennt – das Ganze war fast so einfach gewesen wie das Zerteilen eines gebratenen Hühnchens. Jetzt mußte sie nur noch den Kopf abtrennen. Würde das mehr Schwierigkeiten bereiten? Das Sägeblatt drehte sich sausend, während sie sich hinkniete und die vibrierende Maschine über seine Kehle hielt.

Alles mußte sauber und ordentlich vor sich gehen. Da der Körper auf Müllbeuteln lag, hatte es auch perfekt funktioniert, denn auf diese Weise wurde verhindert, daß das Blut durch die Zimmerdecke in die darunterliegende Wohnung sickerte.

Als das Sägeblatt die Kehle durchschnitt, erwartete sie, daß das Blut in hohem Strahl hervorschießen würde, aber es quoll nur in einem gleichmäßigen Strom, der sich leicht auffangen ließ.

Innerhalb einer Minute hatte sie den Kopf abgetrennt und hob mit ihren dicklichen Fingern sein Haupt, das recht schwer war, an den Haaren hoch. Einen Augenblick lang fürchtete sie, daß sie den Kopf fallen lassen würde, aber bald hatte sie ihn sicher in einem strapazierfähigen Plastikbeutel verstaut. Von diesen Beuteln hatte sie dreißig Stück dort gekauft, wo sie den Steinschneider gemietet hatte.

Die Tüte sollte den Kopf vor ihren Augen verbergen, denn dies war der einzige Augenblick beim Zerlegen des Körpers gewesen, den sie als ein wenig unappetitlich empfunden hatte. Doch jetzt blieb noch einiges zu tun – ein gründlicher Frühjahrsputz. Schließlich konnte sie die Wohnung ihrer Schwester ja nicht in solcher Unordnung zurücklassen. Das wäre *zu* rücksichtslos gewesen …

»Sie müssen uns helfen – wir wissen daß er in Gefahr ist. Diese Frau hat sich sehr merkwürdig verhalten. Er hat uns erzählt, daß sie ständig eine Pistole bei sich trägt, tag und nacht.«

Bernards Schwester Monique Goetz war außer sich vor Sorge um ihren vermißten Bruder, als sie in der Polizeiwache von Nancy stand und um Hilfe bat, aber ihre Bitte traf auf taube Ohren. Schließlich hörte die Polizei derartige Geschichten alle Tage.

Ein stadtbekannter Romeo wird vermißt und läßt eine lange Reihe von Frauen zurück, die er geliebt und verlassen hat.

»Was ist daran so ungewöhnlich?« fragte der zynische Polizist hinter seinem Schreibtisch auf der Wache.

Offensichtlich handelte es sich um einen Mann, der für seine sexuellen Beziehungen zu Hunderten von Frauen stadtbekannt war. Und da sollte die Polizei gleich aufhorchen und auf der Stelle etwas unternehmen? Der Beamte *wußte*, was geschehen war. Der gute alte Bernard Hettier hatte sein eigenes Verschwinden in Szene gesetzt, um irgendwo anders, wahrscheinlich mit einer neuen Geliebten, ein neues Leben zu beginnen.

Jetzt mühte sich Madame Weber in der kleinen Wohnung ab, einen Müllbeutel nach dem anderen aus dem Haus zu schaffen. Die beiden alten Nachbarn in der Erdgeschoßwohnung waren fasziniert, denn sie hatten noch nie so viele Müllbeutel gesehen, die auf einmal in der Mülltonne landeten.

Als Madame Weber die fünfte Ladung nach unten schleppte, fuhr sie erschreckt zusammen, als sie ein klaffendes Loch an der Seite eines Beutels bemerkte. Der Kopf konnte herausfallen! Gerade noch rechtzeitig erreichte sie die Mülltonne.

Nachdem Madame Weber den siebzehnten und letzten Müllbeutel weggeschafft hatte, verspürte sie eine merkwürdige Mischung aus Erleichterung und Erschöpfung.

Wieder in der Wohnung angelangt, öffnete sie einen Koffer, den Bernard vor vielen Monaten nach einem ihrer romantischen Zwischenspiele dort zurückgelassen hatte. Er schien das perfekte Versteck für seinen Torso. Zumindest in Madame Webers Augen hatte er seinen Tod selbst verschuldet, und jetzt würde sein eigener Koffer seine Überreste an ihre letzte Ruhestätte im Fluß tragen, wo sie von einem Zementblock aus ihrem Garten – den er vor langer Zeit so liebevoll gepflegt hatte – unten auf dem Grund des Flusses festgehalten würden. Selbst nach seinem Tod sollte er spüren, wie das Gewicht ihres Zorns ihn mit aller Macht nach unten zog.

Madame Webers Schwester Madeleine und ihr Neffe hatten zudem freiwillig ihre Hilfe angeboten, um Bernards Verschwinden zu vertuschen, denn sie fühlten sich verpflichtet, dieser armen Frau, die soviel mitgemacht hatte, zu helfen.

»Er ist für eine Weile verreist und möchte in Ruhe gelassen werden. Wenn er wieder hier ist, wird er sich mit Ihnen in Verbindung setzen.« Die männliche Stimme, die dies am Telefon sagte, klang zögernd und nervös.

Am anderen Ende der Leitung war Bernards neueste Geliebte – jene Frau, die ihn von Madame Weber weggelockt hatte. Die Ärmste war völlig verwirrt. Wie konnte Bernard sich einfach so aus dem Staub machen? Schließlich hatten sie sich doch nicht gestritten, und es hatte keinerlei Hinweise auf irgendeinen Mißklang gegeben.

Die Frau war wütend, denn sie fühlte sich betrogen. Sein Verhalten war einfach unerhört, aber ihre Freundinnen trösteten sie mit der Bemerkung, daß so etwas typisch für diese Sorte Mann sei.

Auch Bernards Chef war nicht weiter überrascht, als er das Attest eines Pariser Arztes erhielt, in dem es hieß, daß Bernard zu krank sei, um zur Arbeit zu kommen. Madame Webers treuergebener Neffe hatte dafür gesorgt: In der französischen Hauptstadt, die weit von Nancy entfernt war, hatte er sich für Bernard ausgegeben. Seine Magenschmerzen waren so realistisch gewesen, daß der Arzt ihm geraten hatte, ein Krankenhaus aufzusuchen, falls sie nicht wieder vergehen würden.

Es konnte also noch einige Zeit dauern, bis Bernard an seinen Arbeitsplatz zurückkehren würde.

Der Angestellte in dem Werkzeugverleih war gereizter Stimmung. »Typisch Frau«, murmelte er vor sich hin, »läßt sich einfach diesen Steinschneider stehlen. Sie hätte ihn erst gar nicht mieten sollen, schließlich ist es ein Werkzeug für Männer.«

Kurz zuvor hatte Madame sich sehr beherrschen müssen, als der Mann sich über sie lustig gemacht hatte, weil sie in den Laden gekommen war, um den Preis für das angeblich gestohlene Werkzeug zu zahlen. Doch sie wußte, daß es klüger war, nicht aufbrausend zu reagieren, denn ihr Besuch in dem Geschäft sollte so unauffällig wie möglich sein.

Madame Weber parkte vor einer Reihe Garagen in der Nähe der Villa ihrer Schwester in Cannes. Hier wollten sie Bernards klappriges Auto verstecken. Die Schwester, die Madame Weber sehr ähnlich sah, aber dunkelhaarig war, öffnete das Garagentor, so daß Madame Weber den Wagen direkt hineinfahren konnte.

Als sie das Garagentor zuschlug, atmete sie erleichtert auf. Ein weiterer Beweis war hinter sicheren Türen verschwunden, und bald würde weit und breit keine Spur mehr von dem Opfer übrig sein. Im Weggehen warnte Madame Weber ihre Schwester Madeleine: »Wir müssen vorsichtig sein. Man wird uns beobachten und möglicherweise jedes unserer Worte belauschen.«

Sie ahnte nicht, wie sehr sich diese Vorahnung als richtig erweisen sollte.

Bernards Familie in Nancy blieb hartnäckig und gab keine Ruhe, bis eine Untersuchung eingeleitet wurde.

»Vielleicht war er ein Frauenheld, aber er würde nicht einfach so vom Erdboden verschwinden. Irgend etwas ist ihm zugestoßen, und Sie müssen uns helfen.«

Schließlich akzeptierte die Polizei, daß es sich nicht um ein alltägliches Verschwinden handelte, und für die Gendarmen gab es nur eine Person, an die sie sich wenden konnten – Richter Gilbert Thiel.

Der bärtige Brillenträger und ehemalige Rechtsanwalt war nach dem französischen Gesetz derjenige, der die Untersuchung leiten und herausfinden mußte, ob es irgendwelche Verdachtsmomente für ein Verbrechen gab. Sein korrekter Titel lautete *Juge d'Instruction* oder Untersuchungsrichter.

Seine Pflicht bestand hauptsächlich darin, alle möglichen Fakten zu sammeln, die mit dem Fall zu tun hatten, sie objektiv abzuwägen und dann die Entscheidung zu fällen, ob man den Fall weiterverfolgen solle oder nicht.

Die Bitten der Familie wurden immer flehender, und Richter Thiel wußte, daß etwas geschehen mußte – und zwar schnell. Bernards Schwester Monique beharrte darauf, daß Madame Weber irgend etwas mit seinem Verschwinden zu tun habe.

»So etwas ist ihr durchaus zuzutrauen. Sie ist eine seltsame Frau – verrückt genug, ein Verbrechen zu begehen. Ich *weiß*, daß sie damit zu tun hat.«

Irgendwie hatte Richter Gilbert das Gefühl, daß das möglicherweise stimmen könne. Zwar hatte er kaum Anhaltspunkte, aber er leitete doch die Untersuchung ein und befahl, das Telefon von Madame Weber und ihrer Schwester Madeleine abhören zu lassen.

»Meinst du, wir sollten eine neue Schule für Bernadette suchen?« Madame Weber sprach von ihrem Haus aus mit ihrer Schwester in Cannes.

Sie redeten jedoch nicht über ein Kind, wie man vielleicht annehmen konnte, vielmehr ging es um einen Wagen. »Bernadette« war ihre geheime Bezeichnung für das Auto, und die »Schule« umschrieb die Garage.

Madame Weber machte sich Sorgen, denn seit Wochen hatte sie beim Telefonieren merkwürdige, knackende Geräusche vernommen.

Sie war sich ziemlich sicher, daß man sie überwachte, aber sie hatte keine eindeutigen Beweise.

Dann erhielt sie einen Telefonanruf von dem Makler, der ihr die Garage vermietet hatte.

»Madame Chevalier, möchten Sie den monatlichen Mietvertrag verlängern?« hatte er gefragt.

Die Beamten, die diese Gespräche belauschten, waren fasziniert – Madame Weber hatte hinsichtlich der Garage einen falschen Namen benutzt. Jetzt hatte die Polizei eine Spur, denn jeder, der einen falschen Namen verwendet, will irgend etwas verbergen.

Es bereitete keine allzu große Mühe, das Garagentor aufzubrechen. Die Polizei von Cannes war durch die Bitte der

Kollegen in Nancy etwas verwirrt, aber man wußte, daß es sich um eine Morduntersuchung handelte, und war bereit, zu kooperieren.

Im Innern der schmutzigen Garage fanden sie Bernards klapprigen Renault 4. Endlich ging Richter Thiel ein Licht auf, was Madame Webers rätselhafte Telefongespräche betraf.

Doch der Wagen allein bewies noch nicht, daß Madame Weber mit dem Mord an Bernard etwas zu tun hatte. Dazu brauchten sie noch viel mehr Beweise, denn bei dem verzweifelten Versuch, das Verbrechen zu vertuschen, hatte sie eine raffinierte Spur von falschen Fährten in ganz Frankreich ausgelegt.

Richter Thiel war verblüfft. Gerade hatte er die kleine Wohnung in der Avenue de Strasbourg aufbrechen lassen, weil er hoffte, menschliche Überreste oder vielleicht sogar Blutspuren auf dem Boden vorzufinden. Statt dessen fand er im Wohnzimmer absolut nichts, das Madame Weber mit Bernard Hettiers geheimnisvollem Verschwinden in Zusammenhang brachte.

Als die Beamten jedoch in das Zimmer nebenan schauten, entdeckten sie ein Waffenarsenal, das eher zu einem international gesuchten Terroristen gepaßt hätte, als zu einer großmütterlichen Witwe. Der Richter starrte direkt in die Läufe zweier Gewehre vom Kaliber 22, die neben einem Schalldämpfer und drei Stangen Dynamit lagen. In einer Kasserolle in der Küche fand man vierzig Gummistempel, die aus Rathäusern, Regierungsbüros und Apotheken gestohlen worden waren.

Dieser erstaunliche Fund rückte die ganze Angelegenheit in eine neue Perspektive, obwohl man von der Leiche immer noch keine Spur hatte.

Die Kinder, die am Ufer der Marne südlich von Paris spielten, meinten, es sei ihr Glückstag, als sie einen Koffer entdeckten, der am Ufer angeschwemmt worden war. Neugierig versuchten sie, ihn zu öffnen.

An seinem Griff war ein Betonbrocken befestigt, aber die Kinder machten sich deshalb keine weiteren Gedanken. Sie konnten auch nicht wissen, daß die blaue Farbe auf dem Stein von dem Lack stammte, mit dem der Giebel in der Ruelle de l'Abattoir neulich frisch gestrichen worden war.

Als die Kinder versuchten, das Schloß aufzubrechen, wurden sie von einem Spaziergänger am Ufer verjagt, denn der Mann ahnte gleich, daß es sich hier nicht um einen verborgenen Schatz handelte.

Der Polizeibeamte, der den Koffer schließlich mit Gewalt öffnete, mußte sich auf der Stelle übergeben: Im Innern des Kofferns lag ein Torso ohne Kopf, Arme und Beine. Und in Nancy kam Richter Thiel zu dem Schluß, daß man die Leiche von Bernard Hettier gefunden hatte.

Am 8. November 1985 suchte er mit drei Beamten das weißgetünchte Haus in Rosieres-aux-Salines auf und nahm Simone Weber fest.

Über fünf Jahre – die längste je verzeichnete Untersuchungshaft – saß Madame Weber im Gefängnis, ohne vor Gericht gestellt zu werden, während Richter Thiel nach Meinung einiger Beobachter fast wie unter Zwang fortfuhr, Beweise zu sammeln, die die Verbrechen, die sie begangen hatte, schlüssig belegen konnten.

Am 1. März 1991 wurde Simone Weber, jetzt bereits sechzig Jahre alt, des brutalen Mordes an ihrem Geliebten Bernard Hettier schuldig gesprochen und zu einer Gefängnisstrafe von zwanzig Jahren verurteilt.

Vom Mord an ihrem zweiten Ehemann, Marcel Fixard wurde sie dagegen aufgrund mangelnder Beweise freigesprochen.

Die Zeitungen tauften sie die *Teufelin von Nancy*, ein Name, den sie für immer behielt.

So helft mir doch

Einkaufszentren sind überall in den Vereinigten Staaten von Amerika eine Institution. Viele Geschäfte sind in einem riesigen Komplex mit einem gemeinsamen Parkplatz untergebracht, was für die Besucher äußerst praktisch, angenehm und sicher ist.

Die Grundidee bei diesen Einkaufszentren ist die, daß der Käufer alles, was er braucht, an einem Ort bekommen kann. Das spart Zeit, und Zeit ist Geld.

Das Einkaufszentrum Puente Hills im San Gabriel Valley in Kalifornien bietet ein typisches Beispiel. Obwohl es nur fünfundzwanzig Meilen vom Zentrum der weitläufigen, bezaubernden Stadt Los Angeles entfernt liegt, ähnelt es Tausenden anderen Einkaufszentren, die über die ganzen Staaten verteilt sind.

Ständig parken Hunderte von Autos auf dem riesigen Parkplatz vor dem Haupteingang der Puente Hills Mall. Mütter mit Kindern, Männer mit ihren Frauen, Großeltern mit ihren Enkeln sind dort ständig unterwegs, und die Käufer stammen aus allen Schichten der Bevölkerung. Reiche, nicht ganz so Reiche, Arme und weniger Arme. Allen ist eines gemeinsam – das Bedürfnis zu bummeln und einzukaufen; und Puente Hills ist der ideale Ort dafür.

Neben allen Arten von Geschäften befinden sich dort Banken, Immobilienmakler, Restaurants und natürlich ein McDonald's-Imbiß. Im Grunde sind Einkaufszentren wie jene von Puente Hills das klassische Beispiel für den amerikanischen Traum. Die Geschäfte konkurrieren miteinander, und die Preise werden dadurch nach unten gedrückt. Riesige Reklametafeln fallen dem Käufer ins Auge, sobald er auf den Parkplatz fährt. Kurz gesagt, es ist ein Ort, an dem man seine hart verdienten Dollars ausgeben und dennoch das Gefühl haben kann, daß man einen Gegenwert für sein Geld erhält.

Pamela Sainsbury, die eine zweijährige Bewährungsstrafe erhielt, nachdem sie den Totschlag an ihrem Ehemann gestanden hatte.

Sara Thornton – wegen Mordes an ihrem Mann Malcolm zu einer lebenslangen Haftstrafe verurteilt.

Robbin Machuca, Eileen Huber und John Lewis wirkten durch und durch wie die Produkte dieses amerikanischen Traums, als sie am 27. August 1991 in Eileens braunem Mercury in der Nähe des Einkaufszentrums saßen.

Robbin und John waren Halbgeschwister, aber die dunklere Haut der jungen Frau bildete einen Kontrast zu dem hellbraunen Gesicht ihres Bruders. Eileen war Weiße – sie lebte bei ihrem Vater in einem der behaglichen nahegelegenen Vororte der Mittelklasse. Die Rassenmischung der Gruppe erregte jedoch kaum Aufmerksamkeit in dem Einkaufszentrum, denn schließlich herrschten hier nicht mehr die Vorurteile wie im tiefen Süden Amerikas während der dreißiger Jahre. Man schrieb das Jahr 1991 in Kalifornien, und Schwarze und Weiße hatten bereits vor langer Zeit gelernt, Freundschaft miteinander zu schließen, ohne dafür Ungelegenheiten befürchten zu müssen.

Wenn man jedoch Eileens Vater Gary getroffen hätte, wäre man sicherlich zu einem ganz anderen Eindruck gekommen. In der Straße, in der er mit seiner Tochter lebte, war er als »John Wayne« bekannt, weil er eine große Waffensammlung besaß, aber andere, die ihm weniger wohlgesinnt waren, nannten ihn »White Trash« oder »Redneck« (Schimpfworte der Schwarzen für Weiße), weil er immer wieder darauf anspielte, daß er an die Überlegenheit der Weißen glaubte.

Obwohl er eine sehr starke Persönlichkeit war, hatte seine Einstellung nicht auf die zwanzigjährige Eileen abgefärbt. Ihr Verlobter John war Schwarzer, und sie war stolz darauf. Vielleicht gefiel es ihr insgeheim sogar, daß ihr Vater damit ganz und gar nicht einverstanden war.

Eileen hielt sich gerne in Johns und Robbins Gesellschaft auf, denn die lockere Lebenseinstellung der beiden gefiel ihr. »Leb für den heutigen Tag, denn vielleicht gibt es kein Morgen mehr.« Diesem berühmten Satz, der von Jimi Hendrix stammte, folgte sie, denn er beschrieb genau ihre Gefühle gegenüber der Welt.

Dazu muß man wissen, daß der einundzwanzigjährige John und die sechsundzwanzigjährige Robbin schon viele Tragödien erlebt hatten. Ihr Leben schien aus endlosen Katastrophen zu bestehen, von denen eine zur nächsten führte. Vor langer Zeit hatte sich ihr amerikanischer Traum in einen Alptraum verwandelt. Johns Mutter war Alkoholikerin und sein Vater ein Zuhälter, den man auf einer der Hauptstraßen von South Central Los Angeles erschossen hatte, als John noch ein Baby gewesen war.

Als kleiner Junge hatte John den Schäferhund der Familie mit Steinen beworfen, bis sich der Hund eines Tages von seiner Kette losriß und ihn schrecklich zurichtete. Im Alter von acht Jahren wurde er bereits wegen eines bewaffneten Überfalls festgenommen, und mit zehn Jahren lebte er in einer Besserungsanstalt. Dann schloß er sich einer der berüchtigsten Gangs der Stadt an – den Westside Bloods. Dies war wie eine Flucht aus der Anonymität für ihn, denn jetzt besaß er eine eigene Identität und genoß seinen Ruf als grausames, gewalttätiges Bandenmitglied. Zumindest wußten jetzt alle, wer er war.

Dann lernte er Eileen Huber kennen.

Johns Halbschwester Robbin konnte auf eine recht ähnliche Lebensgeschichte verweisen. Ihr Vater war ein Indianer gewesen, der wegen eines bewaffneten Raubüberfalls im Gefängnis saß, als sie geboren wurde. Im Alter von zwölf Jahren wurde sie von ihrem Stiefvater schwanger. Verwirrt und ängstlich wollte sie dies zunächst nicht wahrhaben, und selbst als das Baby geboren war, erklärte sie ihrem Stiefvater: »Du lügst, du kannst nicht der Vater sein.« Doch er wußte es besser.

Ein paar Monate später gestand Robbins Stiefvater seiner Frau die böse Tat. Er reichte ihr eine Waffe und befahl ihr, die ganze Familie zu erschießen, aber Robbins Mutter weigerte sich. In den Augen ihrer Tochter beging sie jedoch den schlimmsten Verrat, den man sich vorstellen kann, als sie sich auch weigerte, ihren Mann hinauszuwerfen. Verbittert und hysterisch packte Robbin ihr Baby, sprang durch ein Fenster an der Rückseite des Hauses und kehrte nie mehr zurück. Allein auf sich gestellt, schloß sie sich verschiedenen Straßengangs an und beging Hunderte von Einbrüchen. Mit fünfzehn Jahren landete sie im Gefängnis, aber dies erwies sich im Grunde als Segen. Endlich lebte Robbin an einem Ort, an dem sie zur Besinnung kommen konnte. Sie wurde zur Sekretärin ausgebildet und erhielt nach ihrer Entlassung eine Stelle in dem Büro einer Bausparkasse. Ihr Bewährungshelfer war davon überzeugt, daß sie ihrer tragischen Vergangenheit entkommen war und einen Neuanfang gefunden hatte. Auch Robbin schien recht glücklich zu sein, bis es zu einem neuerlichen Wendepunkt in ihrem Leben kam. Ihre Wohnung wurde von Einbrechern verwüstet, genauso, wie sie es selbst viele Male getan hatte. Mit diesem Verlust kam Robbin nicht zurecht, so daß sie bald wieder in ihr altes Leben zurückfiel.

Das alles ließ Eileens Lebensgeschichte im Vergleich dazu recht blaß erscheinen. Bis vor kurzem hatte sie ihr ganzes Leben in ein und demselben Haus verbracht. Selbst ihr Aussehen (sie war rotblond und hatte Sommersprossen) hatte sich seit ihrer frühen Kindheit kaum verändert, und sie war so dünn, daß die anderen Kinder sie nach der Freundin des Comic-Helden Popeye Olivia nannten.

All ihre Freunde kamen gerne zu ihr nach Hause, denn dort hatte man das Gefühl, ein Filmmuseum zu betreten. An den Wänden des Wohnzimmers hingen Poster von John Wayne, dem Helden ihres Vaters, während Eileens Zimmer einem Schrein für ihre Lieblingsschauspielerin Lucille Ball ähnelte. Wenn man das Zimmer betrat, glaubte man, mit einer Zeitmaschine zurück in die fünfziger Jahre zu reisen. Bilder der blonden Komödiantin bedeckten jeden Zentimeter Wand. Eileen hatte Lucy immer verehrt, und alle sagten, daß sie ganz ihrem Lieblingsstar ähnelte; ein Vergleich, der Eileen gefiel. Auf den Bücherregalen standen zwischen unzähligen Romanen Videos aller Filme, die Lucille Ball je gedreht hatte.

Erst vor einem Jahr hatte Eilen begonnen, über ihr Leben nachzudenken, denn sie war sich nicht sicher, was für eine Zukunft vor ihr lag. Die Aussichten schienen düster, alles in ihrem Dasein fühlte sich so leer und bedeutungslos an. Mit rotem Filzstift hatte sie an die Wand über dem Kopfende ihres Betts ein ätzendes Graffiti, datiert vom 25. Juli 1990, geschrieben: »Was ist mit dir los?« Die hingekritzelte Bitte der Jugendlichen lautete: »So helft mir doch ... bitte.«

Doch Eileens Vater Gary hatte die Zeilen nicht einmal zur Kenntnis genommen.

Rein äußerlich schienen diese drei verzweifelten jungen Menschen mutig und vergnügt, als sie an jenem Tag im August 1991 lachend durch die Puente Hills Mall schlenderten, während sie einen schmackhaften chinesischen Imbiß genossen.

»Ist euch denn alles egal?«

Eileen lachte zwar, als sie diese Frage stellte, aber das, was sie ihre Freundin Robbin da fragte, hatte einen ernsthaften Unterton.

»Mir ist so ziemlich alles egal. Wenn man sich nicht gleichgültig verhält, wird man doch nur verletzt.« Mit dieser Antwort faßte Robbin im Grunde all ihre Lebenserfahrung zusammen, denn in ihrem Innern fühlte sie sich wie tot. Diese Einstellung beherrschte ihr Leben schon seit langem. Sie meinte, daß es für sie nichts mehr zu verlieren gab, denn das Leben hatte ihr bereits zu viele Schläge versetzt. Was schuldete sie den Menschen schon? Niemand hatte ihr je etwas anderes als Schmerzen zugefügt. Wenn sie einem anderen gegenüber Interesse gezeigt hätte, wäre das wie das Zurückzahlen von Geld gewesen, das sie nicht schuldete ...

In etwa einer Meile Entfernung verließ die sechsundfünfzigjährige Shirley Denogean die Lynx Golf Company, um Mittagspause zu machen. Meistens kaufte sie sich ein Sandwich in einem der nahegelegenen Cafés, aber an diesem speziellen Tag mußte sie eine Geburtstagskarte für eine Verwandte besorgen.

Am ehesten würde sie wahrscheinlich in der Puente Hills Shopping Mall eine Karte finden. Shirley war Stammkundin in diesem Einkaufszentrum – hier ging sie am liebsten auf Schnäppchenjagd. Außerdem war es ein schöner, heißer Sommertag im San Gabriel Valley, perfekt geeignet für eine kurze Fahrt.

Als Shirley ihren silberfarbenen 1980er Mercedes anließ,

hatte sie nichts anderes vor, als diese Karte zu kaufen und rechtzeitig wieder an ihren Arbeitsplatz zurückzukehren, denn sie wollte ihren Chef nicht verärgern, indem sie eine extra lange Mittagspause machte. Zuerst wollte der Wagen nicht anspringen, aber das war nichts Ungewöhnliches. Shirley versuchte es erneut, und diesmal regte sich der Motor. Wenn er es doch nicht getan hätte …

»Die da ist die Richtige.«

Laut kauend stieß John Lewis diese Worte hervor, während die drei jungen Leute beobachteten, wie Shirley Denogean ihren Mercedes auf dem Parkplatz der Puente Hills Shopping Mall parkte.

»Laßt uns warten, bis sie zurückkommt.«

Die beiden Frauen kicherten nervös und erwartungsvoll, als Lewis ihnen seine Befehle erteilte. Sie alle wußten, was gleich passieren würde, denn es war nicht das erste Mal.

In dem Laden mit Grußkarten schaute Shirley etwas nervös auf die Uhr, denn die Fahrt hatte länger gedauert, als sie erwartet hatte. In ein paar Minuten mußte sie wieder im Büro sein. Nachdem sie bezahlt hatte, lief sie schnell zu ihrem glänzenden, sauberen Wagen zurück, denn jetzt war keine Zeit mehr zu verlieren. In ihrer Eile bemerkte sie Lewis und die beiden Frauen nicht, die sich ihr näherten. Schließlich hielten sich an diesem Tag sehr viele Menschen in dem Einkaufszentrum auf, und ein schwarzes Paar und ein weißes Mädchen waren sowieso nichts weiter Ungewöhnliches. Warum sollte sie sie auch beachten?

»Steig in den verdammten Wagen – und zwar auf der Stelle!«

Shirley Denogean spürte einen starken, stechenden Schmerz, als Lewis' Trommelrevolver hart in ihren Rücken gebohrt wurde. Für den Bruchteil einer Sekunde war sie wütend, daß es jemand wagte, sich ihr zu nähern. Sicher hatten die drei sie verwechselt – ihr würde doch so etwas nicht passieren, oder?

Doch als Shirley sich umdrehte und in die gefühllosen Gesichter ihrer Angreifer starrte, dämmerte es ihr, daß diese Situation sehr real war. Sie schaute nach unten und erblickte den Revolver, der auf sie gerichtet war.

»Ich hab' gesagt, daß du einsteigen sollst, du Miststück!«

Diesmal tat Shirley, was man ihr befohlen hatte, und spürte dabei, wie ihr übel wurde. Sie hatte das Gefühl, daß sie sich gleich vor Angst übergeben müsse, beherrschte sich aber. Für die Passanten wirkte die Szene ganz normal: Vier Personen saßen in einer Limousine, die gleich losfahren würde. Wenn sie jedoch näher hingesehen hätten, wäre ihnen der verschreckte Gesichtsausdruck von Shirley Denogean aufgefallen, und sie hätten gespürt, daß hier etwas nicht in Ordnung war.

»Was wollt ihr von mir? Ihr könne alles haben.«

Shirley öffnete ihre Geldbörse, so daß Bargeld und Kreditkarten auf den Boden des Mercedes fielen. Sie betrachtete die Gesichter der beiden Frauen und fragte sich, warum sie sich an einem solchen Verbrechen beteiligten. Zwar konnte sie verstehen, wenn ein Mann so etwas tat, aber Frauen? Sicherlich empfanden sie Mitleid mit einer Geschlechtsgenossin. Doch Shirley irrte sich, denn es war nicht das erste Mal, daß Robbin und Eileen sich an einer solchen Tat beteiligten. Es war einfach nur ein »Job« für sie, und sie wußten nicht einmal, was das Wort Mitleid überhaupt bedeutete. Das Opfer hatte Geld, und das war das einzige, was von Bedeutung war.

»Sag mir die verdammte Nummer AUF DER STELLE! Sonst bringen wir dich um.«

John griff nach der Bankkarte und schrie Shirley an. Er schien völlig außer Kontrolle geraten zu sein, so als sei er auf einem Terrortrip. In seinem Kopf herrschte völlig Leere. Da waren keine Gefühle mehr, kein Bedauern, kein Mitleid. Er wollte nur die Geheimnummer für die Karte erfahren, damit er ihr Geld abheben konnte.

Hilflos beobachtete Shirley, wie Eileen Huber auf den Geldautomaten zuging, der nur ein paar Meter von dem Parkplatz entfernt stand. Neben ihr auf dem Rücksitz des Mercedes saß Robbin Machuca, während John Lewis vorne Platz genommen hatte. Sie wollte laut schreien, um die Aufmerksamkeit der vielen hundert Menschen zu erregen, die vorbeigingen, aber sie hatte Angst, daß man sie erschießen würde, wenn sie auch nur einen falschen Ton sagte.

Für Shirley ging es ums Überleben – und um ihren Stolz, denn die Würde verliert man als erstes, wenn man von Furcht ergriffen wird. Sie versuchte ruhig zu bleiben, während ihr Tränen der Angst in die Augen traten. Gleich würde sie schluchzen, aber dazu wollte sie es nicht kommen lassen. Ihren Peinigern wollte sie auf keinen Fall ihre Gefühle zeigen, denn das wäre wie ein Sieg für diese Ungeheuer gewesen, und das wollte Shirley unbedingt vermeiden.

Shirley betrachtete Robbin eingehender: die junge Frau hatte ein attraktives, fast weiches Gesicht. Wie kam eine solche Frau dazu, sich an Verbrechen wie diesem hier zu beteiligen? Sicherlich würde man sie nicht töten. So etwas würden zwei Frauen doch nicht tun, oder?

Als Eileen von dem Geldautomaten zurückkehrte, hatte sich die Atmosphäre etwas entspannt, obwohl die Leute in ihrem Wagen nur ein paar Worte miteinander gewechselt hatten.

Doch Shirley konnte spüren, daß gleich etwas passieren würde, und ihre Hände waren ganz klebrig vor Schweiß. Sie fühlte die Anspannung fast körperlich, und die Luft schien so schwül, daß sie kaum atmen konnte.

Als Eileen sich wieder in den Wagen setzte, stieg Robbin aus dem Mercedes aus. Was ging hier vor? Würde man sie jetzt endlich in Ruhe lassen? Shirley betete, daß dies das Ende ihres Alptraumes wäre, aber tragischerweise hatte ihre Qual gerade erst begonnen.

John versuchte den Wagen anzulassen, der jedoch wie zuvor nicht auf der Stelle ansprang. Zum ersten Mal in ihrem Leben wünschte Shirley sich, daß ihr Wagen seinen Geist ganz aufgeben würde. Hinter ihnen hatte Robbin den Mercury von Eileen gestartet und wartete jetzt darauf, daß ihr Stiefbruder und seine Verlobte losfahren würden. Nach ein paar quälenden Sekunden erwachte der Mercedes endlich zum Leben.

Jetzt folgte eine absonderliche Fahrt zu allen Bankautomaten, die es in der Puente Hills Shopping Mall gab. Jedesmal, wenn John den nächsten Automaten entdeckte, hielt er den Wagen in einer Parklücke an und stieß Shirley den Revolver in die Seite.

»Wie lautet die verdammte Nummer für diese verdammte Karte? Welche Nummer ist es?« Shirley hatte an diesem Tag eine Menge Kreditkarten in ihrer Handtasche, was für John Lewis und die beiden Frauen ein unverhoffter Glücksfall war.

Robbins Freund Vincent Hubbard hatte tatsächlich recht gehabt, als sie über eine gute Möglichkeit, schnell zu Geld zu kommen, geredet hatten.

»Macht euch über die Bankautomaten her, Mann«, hatte er gesagt. »Das ist viel leichter, als Schnapsläden zu überfallen. Weniger Zeugen, weniger Probleme.«

Vincent Hubbard wäre an diesem Tag mit ihnen unterwegs gewesen, wenn er sich nicht freiwillig bereit erklärt hätte, zu Hause auf Robbins fünfjährige Tochter aufzupassen. Er kannte sich mit Raubüberfällen aus, denn er war gerade erst aus dem Gefängnis entlassen worden, nachdem er seine Strafe für alle möglichen Verbrechen, angefangen bei Diebstählen bis hin zum Drogenhandel, abgesessen hatte. In den Zellen des LA County Prison waren Überfälle auf Bankautomaten *das* Gesprächsthema.

Jetzt holten sich John, Robbin und Eileen mit Hilfe von Shirley Denogeans Kreditkarten so viel Bargeld wie möglich, aber für das Opfer war die Fahrt ein einziger schrecklicher Alptraum. Je länger sie dauerte, desto sicherer wurde Shirley sich, daß man vorhatte, sie zu töten, und je mehr Geld die Angreifer zusammenrafften, desto frecher wurden sie. Als sie an dem sechsten Automaten Bargeld abgehoben hatten, waren John und die beiden Frauen wie aus dem Häuschen.

»Das ist ja phantastisch. Für die nächsten paar Wochen haben wir erstmal ausgesorgt.«

John Lewis geriet in Ekstase – all dieses Geld erschien ihm wie ein Geschenk des Himmels.

»He, John, jetzt können wir es uns richtig gutgehen lassen.«

Eileen freute sich auf ein paar Wochen, in denen sie nicht

die üblichen Geldprobleme haben würden. Robbin, die ihnen in dem Mercury folgte, war ebenfalls zufrieden, aber keiner von ihnen dachte auch nur für einen Augenblick an die Gefühle der völlig verschreckten älteren Frau, die sie für eine Fahrt in die Hölle gekidnappt hatten.

Jetzt hatten sie alle Bargeldautomaten abgeklappert, und der schreckliche Todeskonvoi sollte seine letzte Reise antreten.

»Los, zur Autobahn.«

John wußte, daß die nahegelegene Autobahn der beste Weg aus der Puente Hills Shopping Mall hinaus war. Wenn irgend etwas schieflaufen sollte, konnten sie innerhalb von Sekunden auf der Hauptstraße sein. Shirley Denogean aber ahnte, was das für sie bedeutete, und sie war überzeugt davon, daß ihr letztes Stündlein geschlagen hatte.

»Los, macht schon. Tötet mich doch gleich jetzt!«

John drehte sich um, als Shirley diese Worte hervorstieß.

»Was zum Teufel …? Halt verdammt nochmal die Klappe!«

Eileen schaute weg. Die verzweifelten Worte der Gefangenen und die Reaktion ihres Geliebten waren ihr fast peinlich. Es war jedoch nur ein vorübergehendes Gefühl, denn sie betete John Lewis an, und sein Verhalten schien ihr keinesfalls bösartig. Nie wäre es ihr in den Sinn gekommen, daß das, was er tat, falsch sein könnte. Er war der Mann, den sie liebte, den sie heiraten würde und dessen Baby sie möglicherweise bereits erwartete. Ein Mann, an dessen Händen viel Blut klebte, aber auch ein Mann, der nur Augen für sie hatte. Sie erinnerte sich daran, wie John ihr vor ein paar Tagen einen wunderschönen Saphirring geschenkt hatte, um ihre Verlobung zu feiern.

»Hier, Liebling, jetzt gehören wir zusammen.«

Es war das erste Mal, daß Eileen ein solches Geschenk erhielt. Sie betrachtete den schön gearbeiteten Ring und fuhr mit der Fingerspitze über den glatten Stein. Natürlich fragte sie nicht, woher der Ring stammte, denn sie wußte es bereits. Es spielte keine Rolle für sie, daß er dieses Schmuckstück der Leiche eines ihrer Opfer abgenommen hatte. Es war eine Frau wie Shirley Denogean gewesen – dasselbe Alter, derselbe Kleidungsstil. Sie hatten diese Frau ebenfalls ausgeraubt und getötet, nachdem sie von ihnen in der Puente Hills Shopping Mall gekidnappt worden war. Eigentlich galt dieses Einkaufszentrum als bestes Beispiel für den ungefährdeten Einkauf in einer sicheren Gesellschaft, aber John Lewis, Robbin Machuca, Eileen Huber und Vincent Hubbard hatten dafür gesorgt, daß diese Illusion völlig zerstört wurde.

»Ich habe gesagt, daß ihr mich *jetzt* töten sollt.«

Shirley Denogean schrie die Worte fast heraus, während sie mit der Faust auf John Lewis' Nacken einschlug und versuchte, ihm die Waffe zu entreißen.

Für ein paar Sekunden verlor er die Kontrolle über den Wagen, so daß er auf dem Pomona Freeway über zwei Fahrspuren schoß. Glücklicherweise war der Verkehr nicht besonders dicht, obwohl Shirley sich das sicherlich gewünscht hätte, denn das wäre die einzige Möglichkeit für sie gewesen, diesen Alptraum zu überleben.

John Lewis war außer sich vor Wut. Sein cooles, emotionsloses Verhalten wurde jetzt durch einen schrecklichen Wutausbruch ersetzt, und er stieß Shirley seine Faust ins Gesicht.

»Halt die Klappe, du verdammtes Miststück.«

Die Atmosphäre in dem Mercedes war zum Zerreißen gespannt, aber Shirley weinte nicht. Sie war wütend, so wütend, wie sie es in ihrem ganzen Leben noch nie gewesen war. So leicht würde sie nicht aufgeben. Wenn man sie töten wollte, mußten diese Killer sich beeilen, denn sie würde sich mit aller Macht wehren. Robbin, die dem Mercedes hinterherfuhr, bekam Angst. Das Opfer in dem Wagen vor ihr war ihr egal, aber sie machte sich Sorgen um ihren Bruder und um Eileen. Ein paar Sekunden zuvor wären sie fast von der Fahrbahn abgekommen – sie mußten dieses Miststück unbedingt loswerden. Für Robbin war Shirley einfach nur ein weiteres Opfer – nicht mehr und nicht weniger. Schließlich hatten Menschen, denen sie in ihrem eigenen schmerzerfüllten Leben viel näher gewesen war, sich auch nicht um sie gekümmert. Sie dachte an ihren Stiefvater, an diesen sogenannten liebevollen Vater, der nachts zu ihr ins Bett gekrochen war und sie vergewaltigt hatte. Sie dachte an ihre Mutter, die eine Person in ihrem Leben, die sie eigentlich hätte lieben und beschützen sollen und die es statt dessen zugelassen hatte, daß dieses Tier seine Angriffe ungehindert fortsetzen konnte. Kein einziges Mal schritt sie ein und unterband seine brutalen sexuellen Handlungen, nicht ein einziges Mal.

Shirley Denogean war Robbin völlig egal. Warum sollte sie Mitleid mit ihr haben? Menschlichen Anstand gab es schon lange nicht mehr in ihrem Leben.

»Los, macht schon. Bringt mich doch um!«

John Lewis konnte diese Frau keine Minute länger ertragen. Warum hielt sie nicht einfach den Mund? Warum machte sie alles so schwer? Doch Shirley wußte, daß dies ihre einzige Möglichkeit war. Sie mußte versuchen, die Täter so sehr zu stören und zu behindern wie möglich – vielleicht hatte sie dann noch eine Chance. Ihr Instinkt ließ es einfach nicht zu, daß sie sich aufgab – nein, sie wollte leben.

Doch in Wirklichkeit zwang sie John und Eileen nur, eine Tat zu begehen, die sei bereits mindestens dreimal zuvor ausgeführt hatten. Die beiden betrachteten sich als eine Art moderne Bonny und Clyde, denn ihrer Ansicht nach nahmen sie sich nur, was rechtmäßig ihnen gehörte. Shirley war ihnen nur lästig, und es war an der Zeit, daß sie starb. Jetzt zog John den Mercedes hinüber auf den Seitenstreifen der Autobahn, wo Robbin mit Eileens Mercury ebenfalls ein paar Meter hinter ihnen anhielt.

»Ich steige nicht aus. Ihr müßt mich schon hier an Ort und Stelle töten.«

Shirley wollte einfach nicht aufgeben. Sie wußte, daß man sie niemals töten würde, während so viele Wagen vorbeifuhren. Wenn sie sich weigerte, sich von der Stelle zu rühren, hatte sie vielleicht noch eine klitzekleine Chance.

Doch John ließ nicht zu, daß Shirley sich ihm widersetzte. Er lehnte sich nach hinten und riß die Frau vom Rücksitz ihres eigenen Wagens. Für ihn war sie einfach nur ein weiteres

Opfer, dem er keinerlei Gefühle entgegenbrachte, und als Shirley Denogean ihrem Peiniger in diesem Augenblick in die Augen schaute, erkannte sie, daß da kein Mitleid war. Ihr Todesurteil war bereits beschlossen worden.

Jetzt stieß John ihr die Waffe in den Rücken und zwang sie, auf dem Seitenstreifen zu einem Straßendamm zu laufen. Eileen und Robbin folgten ihm. Die beiden Frauen wußten, was gleich geschehen würde, denn sie waren bereits mehrmals Zeugen von Johns Mordlust gewesen. Eileen blieb etwas zurück, um das Folgende nicht mit ansehen zu müssen, aber Robbin kannte derartige Skrupel nicht.

»Leg dich hin«, befahl John, aber Shirley rührte sich nicht.

»Ich hab' gesagt, du sollst dich hinlegen, du Miststück.«

Doch Shirley Denogean weigerte sich noch immer, ihre Würde zu verlieren. Sie drehte sich um und schaute John direkt in die Augen. Der junge Mann versuchte, ihrem Blick auszuweichen, denn es gefiel ihm durchaus nicht, daß sie ihn so anstarrte. Es war wie eine Herausforderung, und ihm war gar nicht wohl dabei. Noch immer weigerte sie sich, sich hinzulegen und von hinten erschießen zu lassen. Statt dessen starrte sie ihn weiter an, und das konnte er nicht ertragen. Bei den anderen Opfern war es ganz anders gewesen. Er konnte sie doch nicht einfach von vorn erschießen, während sie ihn mit diesem Blick durchbohrte.

Daher zielte er jetzt mit dem Revolver auf ihren Bauch und drückte ab. Ob er sie töten oder nur verletzten wollte, sollte man nie erfahren. Shirley jedenfalls stürzte sofort zu Boden und hielt sich den Bauch, aber sie lebte noch, während John Lewis sich umdrehte und wegging. Ihm war es egal, ob sie überlebte oder starb, aber er konnte diesem Ausdruck in ihren Augen nicht mehr standhalten.

»Scheißkerl, du verdammter Scheißkerl«, keuchte sie. Er sollte wissen, was er da angerichtet hatte.

John aber konnte Shirleys Geschrei nicht ertragen, er drehte sich um, ging wieder auf sie zu und hob erneut die Waffe. Diesmal drückte er mehrmals ab, immer wieder, und jedesmal, wenn er abdrückte, sah er, wie ihr Körper beim Einschlag der Kugel zusammenzuckte.

Die erste Kugel traf ihre Schulter und verursachte eine klaffende Wunde.

Die nächste Kugel schlug seitlich in ihren Körper, aber Shirley war nicht gewillt, den Kampf aufzugeben.

»Scheißkerl! Scheißkerl!«

»Warum hältst du nicht die Klappe, du Miststück?«

Diesmal zielte John Lewis auf den Kopf, um sein Opfer endlich zum Verstummen zu bringen. Er haßte ihr Geschrei, denn es erinnerte ihn an die Besserungsanstalt, wo die Kinder auf dem Hof immer so laut schrien, bevor sie ihn zusammenschlugen. Schlimmer jedoch war die Erinnerung an seien perversen Stiefvater, der ihn ebenfalls wütend angeschrien hatte, bevor er ihn aufs Bett zwang.

»HALT DIE KLAPPE! HALT DIE KLAPPE!«

John Lewis drückte ab. Er mußte diese schrecklichen Erinnerungen ein für allemal aus seinem Gedächtnis streichen.

Einen zuckenden, unschuldigen Menschen mit Kugeln zu durchsieben war für ihn eine therapeutische Möglichkeit, seine Seele zu reinigen. Als alles vorbei war, schaute er auf und sah seine Halbschwester Robbin an, die zustimmend lächelte, denn sie hatten beide nichts zu verlieren.

John Lewis, Robbin Machuca, Vincent Hubbard und Eileen Huber wurden im September 1991 festgenommen, nachdem Polizeibeamte sie anhand der Fotos identifiziert hatten, die bei einem der Geldautomaten aufgenommen worden waren. Ein aufmerksamer Ladenbesitzer hatte sich außerdem die Nummer von Eileens Mercury aufgeschrieben, als die jungen Leute versuchten, die gestohlenen Kreditkarten in einem Kleidergeschäft zu verwenden.

Alle vier wurden angeklagt, mindestens vier ähnliche Tötungsdelikte begangen zu haben, mit denen sie die Bewohner des San Gabriel Valley im August 1991 terrorisierten.

Falls sie schuldig gesprochen werden, droht ihnen allen die Todesstrafe.

Der Sündenbock

Wütend warf Sara Thornton die Zeitung auf das Bett in ihrer Zelle. Sie konnte einfach nicht fassen, was sie da gerade gelesen hatte. Wie konnten sie es wagen, einen Mann freizulassen, der zugegeben hatte, daß er der Mörder seiner Frau war?

Sara selbst verbüßte eine lebenslange Haftstrafe für ein ähnliches Verbrechen. Der einzige Unterschied lag darin, daß sie eine Frau war, die ihren Mann umgebracht hatte.

Sara saß schon fast achtzehn Monate in *Bullwood Hall*, einem Gefängnis ihrer Majestät in Essex. Ihr Berufungsantrag war gerade abgelehnt worden, während Joseph McGrail seine zierliche Frau zu Tode getreten und dennoch seine Freiheit wiedererhalten hatte. Alles schien so ungerecht, unfair und zufällig.

Sara würde den Rest ihres Lebens im Gefängnis verbringen, während Joseph McGrail das Gericht von Birmingham, in dem auch sie verurteilt worden war, als freier Mann verlassen würde. Diese Tatsache machte alles irgendwie noch schlimmer. Die Unberechenbarkeit des Gesetzes war eine Sache, aber wenn ein Gerichtshof für zwei Verbrechen, die im Grunde gleichartig waren, zwei so unterschiedliche Strafen aussprach, war dies ein schrecklicher Doppelschlag.

Als sie an diesem Nachmittag durch die Korridore des Gefängnisses in den Speisesaal ging, nahm sie kaum wahr, was um sie herum vorging, denn in ihrem Kopf drehte sich alles nur um eine Frage. Warum? Warum nur?

Die Mitgefangenen existierten nicht für sie, ja, sie hörte nicht einmal, wie sie grüßten. Die anderen merkten, daß irgend etwas nicht in Ordnung war, aber die fragten lieber nicht. Mörder hatten oft Depressionen, und wer hätte die nicht, wenn man den Rest des Lebens im Gefängnis verbringen mußte?

Sara holte sich eine kleine Schüssel von dem Stapel an der

Theke der Gefängnisküche. Sie warf einen Blick auf das dampfende, zerkochte Fleisch, auf das geschmorte Gemüse und den stinkenden Fisch. An der Salattheke blieb sie stehen und nahm sich ein paar Salatblätter, Tomatenspalten und Gurkenscheiben. Der Inhalt ihrer Schüssel wirkte nicht gerade sehr appetitanregend, aber Sara Thornton hatte auch keinen großen Hunger.

Sie schaute ihre Mitgefangenen an, die in langen Reihen an den Tischen im Eßsaal saßen, verspürte aber keine Lust, sich mit irgendeiner der Frauen zu unterhalten. Die Anstrengung, mit den anderen über belanglose Dinge zu reden, war normalerweise schon schlimm genug, aber heute konnte sie zudem den Gedanken an Joseph McGrail einfach nicht auf ihrem Kopf verdrängen – dabei kannte sie den Mann nicht einmal. Sie wußte nicht, wie er aussah, und doch kreisten ihre Gedanken nur um ihn. Warum hatte man ihn freigesprochen, während sie für dasselbe Verbrechen im Gefängnis vor sich hindämmerte? Vielleicht hatte er den Richter bestochen oder um Gnade gefleht? Nein, keiner dieser Gründe schien ihr plausibel. Es gab nur eine Antwort: Er war nicht bestraft worden, weil er ein Mann war. Das mußte der Grund sein, denn welche Erklärung hätte es sonst geben können?

Sara stand mit der Salatschüssel in der Hand da und starrte ins Nichts.

»Willst du dich nicht setzen? Was ist denn los mit dir?«

Als Sara die Stimme hörte, riß sie sich aus ihrer Trance, denn sie hatte eine Entscheidung getroffen. Zwischen den Gefängnismauern herrschte wenig Mitleid, und Sara beschloß, auf der Stelle etwas zu unternehmen. Die Welt sollte wissen, wie unfair ihre Strafe war. Mit der Salatschüssel in der Hand begab sie sich zurück in ihre Zelle.

Ein paar Minuten später hörte sie das ominöse Geklapper der Zellentüren, die geschlossen wurden, was das Ende eines weiteren schrecklichen Tages einläutete.

Als Sara auf der dünnen Matratze ihres Eisenbettes lag, begann sie zu weinen. Zuerst konnte sie die Tränen unter Kontrolle halten, aber dann gewannen ihre Gefühle die

Oberhand. Sie konnte kein Licht am Ende des Tunnels sehen, es gab keine Hoffnung auf eine frühzeitige Entlassung aus dieser Hölle auf Erden.

Niemand versuchte, Sara in dieser Nacht zu trösten, als sie in ihr Kissen schluchzte. Es gab niemanden, an den sie sich in diesem schrecklichen, seelenlosen Gemäuer wenden konnte. Sie hatte nur sich selbst – und keine Hoffnung mehr.

Auf dem Nachttisch neben ihrem Bett stand noch immer der Salat, den sie nicht angerührt hatte, denn der Appetit war ihr völlig vergangen. Sie schaute die Schüssel einen Augenblick lang an und warf sie dann auf den kalten Steinboden, wo sie zerbrach. Es gab da noch eine letzte Möglichkeit, die anderen dazu zu bringen, ihre Meinung zu ändern.

»Es ist Ihr Leben, Sara.«

Die Gefängniswärterin, die in Saras Block Dienst tat, stand dem Schicksal der jungen Frau nicht mitleidslos gegenüber, doch als die Gefangene ankündigte, daß sie aus Protest gegen ihre Strafe in einen Hungerstreik treten würde, akzeptierte das Gefängnispersonal dies seufzend. Schließlich war es nicht der erste Fall.

Die Hauptaufgabe des Personals bestand darin, die Gefangenen mit möglichst geringem Aufwand am Leben und gesund zu erhalten; ein Hungerstreik bedeutete für sie einfach nur ein weiteres Problem, das sie lieber nicht gehabt hätten.

Als Sara wieder in ihrer Zelle war, spürte sie neue Energie in sich aufwallen. Durch ihre Entscheidung, von nun ab das Essen zu verweigern, fühlte sie sich wie beflügelt. Jetzt hatte sie ein Ziel im Leben, auch wenn es zu ihrem Tod führen sollte.

Als sie ein paar Tage später an dem kleinen Tisch in ihrer zwei Meter fünfzig mal zwei Meter fünfzig großen Zelle saß, begann sie, einen Brief an ihre zwölfjährige Tochter zu schreiben, von der sie sich vor achtzehn Monaten hatte trennen müssen. Sie liebte diese Tochter wie keinen anderen Menschen auf der Welt und wollte sie unbedingt wiedersehen.

Hallo, mein Liebling,
es ist Sonntagmorgen. Mir geht es gut, obwohl ich mich ein we-
nig schwach fühle. Ich muß schon lachen, wenn du schreibst, ich
solle auf mich achten, nachdem ich dir mitgeteilt habe, daß ich in
einen Hungerstreik getreten bin. Vielleicht begreifst du das noch
nicht ganz. Entweder wird man mich freilassen, oder ich werde
sterben. Es gibt einfach keine andere Alternative.
Ich glaube, ich zwinge die Menschen, ihre eigene Lebenssicht zu
überdenken. Zuviele Menschen wissen, daß irgend etwas nicht
in Ordnung ist, und finden dennoch Entschuldigungen, nichts
zu tun, weil es am Ende einfacher ist, mit der Strömung zu
schwimmen!
Ich fühle mich schwach und müde, und ich friere, aber mein
Geist ist stark.
Langsam trocknet meine Haut aus – wahrscheinlich werde ich
bald nur noch aus Falten bestehen.

Sara Thornton legte den Stift nieder; sie wollte sich ein wenig ausruhen, denn ihr Handgelenk schmerzte vom Schreiben. Sie streckte und krümmte ihre Finger, um sie aufzuwär-
men. Dann schloß sie die Augen und dachte zurück an das
Leben draußen. War es wirklich so erstrebenswert?

Gleich als ihr Malcolm Thornton vorgestellt worden war,
hatte Sara sich zu ihm hingezogen gefühlt. Er war ein netter
Bursche und las ihr jeden Wunsch von den Augen ab. Früher einmal war er Polizist gewesen, ein Hüter des Gesetzes,
und Sara war überzeugt davon, daß ihn das zu einem guten,
aufrechten Menschen gemacht hatte, zu einem Menschen,
dem man vertrauen konnte.

Malcolm war ganz anders als die Männer in ihren früheren, verhängnisvollen Beziehungen, und sie war überglücklich, als er sie bat, seine Frau zu werden. Ohne Zögern sagte
sie ja.

Ihr Heim in der kleinen, malerischen Stadt Atherstone in
Warwickshire schien der perfekte Ort für Frieden und Har-
monie, aber der Schein trog.

»Doktor, bitte kommen Sie schnell. Ich glaube, er will mich umbringen.«

Sara Thornton war erst wenige Wochen mit Malcolm verheiratet, aber sie war bereits mit den Nerven völlig am Ende. Ihr guter, aufrechter Ehemann war nicht nur betrunken, sondern sternhagelvoll. Während sie den Hörer auflegte, drehte sie sich um, um zu sehen, welche Unordnung dieses Tier in seinem Zorn angerichtet hatte. Derselbe Mann, der vor ein paar Wochen geschworen hatte daß er sie für den Rest seines Lebens lieben und ehren wolle, schlug jetzt alles kurz und klein. Als er Sara erblickte, leuchteten seinen Augen plötzlich auf. Mit den Möbeln war er fertig, und jetzt würde sie an die Reihe kommen.

Als Dr. Kenneth Farn an diesem heißen Sommertag im Juli 1988 in dem Haus der Thorntons eintraf, war er schockiert. Sara zitterte vor Angst, während der betrunkene Rüpel, ihr Mann, auf dem Wohnzimmerboden lag und unkontrolliert vor sich hingurgelte.

»Sie müssen mit sich ins reine kommen, Malcolm, Sie sollten sich in Behandlung begeben.«

Malcolm Thornton wußte, daß der Arzt recht hatte, doch jetzt war er auch wieder nüchtern. Im Grunde gab es zwei Malcolm Thorntons. Der eine war ein witziger, kluger, geistreicher Mann, der andere Menschen mit seiner Großzügigkeit in Staunen versetzte, während der andere Malcolm einem wilden Tier glich, das alles und jeden, der sich ihm in den Weg stellte, zerstörte. Sara Thornton kannte seine beiden Seiten, aber es wäre ihr lieber gewesen, wenn das nicht der Fall gewesen wäre.

Doch jetzt stellte sich der charmante, vernünftige Malcolm den Tatsachen wie ein echter Mann. Er war Alkoholiker, und er akzeptierte diese Diagnose. Dr. Farn wollte seinem Patienten helfen, und Malcolm nahm seinen Rat an und begab sich zu einem Spezialisten nach London. Sara stieß einen Seufzer der Erleichterung aus, weil ihr Mann endlich etwas unternahm. Im Grunde genommen, war er ein guter Mann, der sicher wieder zur Ruhe kommen würde, und sie wünschte sich nichts sehnlicher als das.

Weihnachten 1988 glaubte Sara, daß es soweit wäre. »Mr. Hyde« war nur noch eine schattenhafte Erinnerung, denn die Behandlung hatte tatsächlich Wunder gewirkt – Malcolm war wie umgewandelt. Sara war genau wie ihre zehnjährige Tochter Louise überglücklich. Das Mädchen wünschte sich für ihre Mutter das Beste, denn sie hatte es sich wirklich verdient.

Sara empfand ja auch echte Liebe für ihren Mann. Jetzt hatte sie wieder einen Grund, morgens aufzustehen, und es war ein wunderbares Gefühl, so zufrieden zu sein. Leider hielt dieses Glück jedoch nicht lange vor, wie es immer der Fall ist, wenn man es mit den Malcolms dieser Welt zu tun hat. Irgend etwas lauert unter ihrer Oberfläche, denn was war der Grund, warum er überhaupt mit der Trinkerei angefangen hatte. Irgendwo mußte es ein verstecktes Motiv geben, einen gequälten Teil seiner Seele, das verzweifelt versuchte, nach draußen zu gelangen, und der Alkohol war das einzige Mittel, mit dem es sich offenbaren konnte. Seine Trinkerei war wie eine Befreiung von endlosen emotionalen Qualen. Schließlich konnte Malcolm Thornton seine Gefühle nicht ewig unterdrücken, und er war der einzige Mensch, der sich dessen wirklich bewußt war.

»Er versucht, mich umzubringen, Doktor. Sie müssen etwas unternehmen.«

Dr. Farn war nicht weiter überrascht, als er den Hörer abnahm und Sara Thorntons Stimme vernahm. In seiner über vierzigjährigen Erfahrung als praktischer Arzt war Malcolm Thornton nicht der erste Alkoholiker, dem er begegnete. Dennoch machte sich Dr. Farn große Sorgen. Für ihn standen die Gesundheit und Sicherheit von Sara und Louise an erster Stelle, denn er wollte keine mißhandelte Familie auf dem Gewissen haben. Es war seine Pflicht, seine Patienten zu beschützen.

Der Arzt hörte, wie am anderen Ende der Leitung in diesem gemütlichen kleinen Heim in dieser freundlichen Stadt die Hölle losbrach.

»Ich bring' dich um, du Miststück!«

Malcolm Thornton konnte kaum noch zusammenhängend sprechen, aber Sara wußte genau, was er sagte. Ihr Mann war sturzbetrunken und hatte die Kontrolle über sich völlig verloren. Ihm war absolut egal, was er seiner Frau antat.

Dennoch sah sie nicht, wie er seine rechte Hand zur Faust ballte. Sara merkte es erst, als sie spürte, wie seine Handknöchel knirschend gegen ihre Rippen stießen. Vor Schmerz schrie sie auf, denn er hatte seine ganze Kraft in diesen planlosen Schlag gelegt. Das war einfacher, als auf ihr Gesicht zu zielen.

Malcolm stolperte, als er ihr den nächsten Schlag in den Magen versetzte, was alles noch schlimmer machte. Jetzt lag sein ganzes Gewicht hinter diesem Stoß, und sie konnte seinem Fausthieb nichts entgegensetzen.

Sara krümmte sich vor Schmerzen, hielt sich den Bauch und brach auf dem Boden des Wohnzimmers zusammen. Dabei hatte sie das Gefühl, als habe man ihr Innerstes nach außen gekehrt. Die Schmerzen waren unerträglich, denn sie hatte innere Verletzungen davongetragen.

Wütend beugte er sich über sie, bereit, seinen Angriff mit einem weiteren Fausthagel fortzusetzen, aber das war gar nicht nötig, denn Sara würde sich nie von diesem Angriff erholen.

»Ich will ihn umbringen. Ich hasse ihn.«

Als Sara Thornton diese Worte ausgesprochen hatte, erkannte sie an der Reaktion im Gesicht ihrer Freundin, daß sie dies besser nicht gesagt hätte. Jetzt war nicht der geeignete Augenblick, jemandem von ihren Gefühlen gegenüber ihrem Mann zu erzählen. Es war besser, alles für sich zu behalten. Auf diese Weise konnte der Haß immer weiter gären, bis er einen Punkt erreichte, wo es keinen Weg mehr zurück gab. Sich die Probleme von der Seele zu reden wäre eine zu leichte Antwort auf Saras Schmerz gewesen. Hätte sie sich von ihrem Haß und ihrer Angst befreien können, indem sie einer Freundin ihre innersten Gefühle offenbarte, wäre das Leben recht einfach gewesen.

Nein, der Gesellschaft war es lieber, wenn man alles für

sich behielt und sich niemandem anvertraute, so daß niemand erfuhr, was für schreckliche Gedanken man möglicherweise hegte. Im Grunde wollten die meisten Menschen nicht wissen, was ihre Freunde tatsächlich dachten, denn das konnte peinlich sein oder schockieren, weil es möglicherweise der *Wahrheit* entsprach.

Während Sara deshalb schnell das Thema wechselte, erkannte sie, daß Malcolm Thornton ein Problem war, mit dem sie allein zurechtkommen mußte. Niemand würde ihr dabei helfen – sie stand ganz allein da.

Malcolm Thorntons Leben brach jedoch bereits ohne Zutun seiner Frau auseinander. Nach einer Alkoholkontrolle hatte er seinen Arbeitsplatz verloren, und nach seiner Entlassung aus dem Polizeidienst hatte er sich mehrere Tage lang hintereinander betrunken, hatte seine Frau verprügelt, und jetzt war er völlig am Ende.

Was blieb ihm jetzt noch anderes übrig, als sich ganz dem Alkohol zuzuwenden? Für ihn bedeutete die Trinkerei die einfachste Möglichkeit, dem grauen Alltag zu entfliehen, denn wenn der Alkohol seine Wirkung zeigte, überkam ihn eine Welle der Erleichterung. Er wußte, daß er all seine Probleme ein paar Stunden lang vergessen konnte, wenn er sich mit Alkohol zuschüttete. Die Hypothek. Die Ehefrau. Keine Arbeit. Keine Zukunft. Wen kümmerte das schon? All diese Probleme ließ er zurück, wenn er das Bier und hochprozentige Sachen in sich hineinkippte, von denen er sich fast ausschließlich ernährte.

Die Kneipen waren wie eine andere Welt für Malcolm Thornton, denn niemand störte ihn dort. Er konnte sich unterhalten, mit wem er wollte, und wenn ihm nicht nach einem Gespräch zumute war, konnte er sich still in eine Ecke setzen und dort trinken. Wollte er mit seinen Trinkkumpanen über Fußball oder Frauen reden, stand dem nichts im Wege – er konnte seine Wahl treffen. Dies war seine Flucht aus dem Leben.

Unterdessen war Sara zu Hause am Ende ihrer Nerven. Ihr Mann – der Mann, von dem sie bei ihrer Hochzeit vor einigen Monaten so fasziniert gewesen war, hatte sich jetzt als völliger Versager entpuppt. Keine Arbeit. Kein Einkommen. Keine Liebe. Kein Leben. Und keine Zukunft für sie beide.

Er hatte alle Hoffnungen zunichte gemacht, und sie haßte ihn deshalb. Wie konnte er nur um sie herum alles so einfach zerstören?

Das Leben schien ihr jetzt sinnlos.

Sara saß da und schaute in den Fernseher, aber sie wußte nicht, was auf dem Bildschirm vor sich ging. Ihr Gedanken waren eine Million Lichtjahre von dem Programm entfernt. Statt dessen dachte sie über ihre Zukunft nach, und die sah trübe aus.

Sie hatte das Gefühl, daß sie mit irgendeinem Menschen über alles reden müßte. Aber mit wem? Ihre Freundin hatte kein Interesse gezeigt, und ihre Tochter war zu jung. An wen konnte sie sich wenden? Sara kannte die Antwort bereits: Es gab niemanden, dem sie sich anvertrauen durfte. Mit dieser Sache mußte sie selbst zurechtkommen. Wenn sie die Angelegenheit nicht in die Hand nahm, würde niemand es tun.

Wie üblich ging sie an diesem Abend wieder allein nach oben. Ihr Mann würde schließlich wie immer betrunken auftauchen – zu betrunken, um sich auszuziehen. Die Liebe und Aufmerksamkeit, nach der sie sich so sehnte, hatte er ihr schon lange nicht mehr geschenkt. Sara kramte ihren Lippenstift hervor und schaute einen Augenblick lang in den Schlafzimmerspiegel. Leicht, aber gleichzeitig angespannt, schaukelte sie ihren Körper hin und her, schloß die Augen und ließ ihren Gedanken freien Lauf.

Zuerst waren es gute Gedanken … Louise, die mit großen Augen und lächelndem Gesicht im Garten spielte. Andere Kinder, die glücklich und zufrieden waren. Doch dann betrat ER die Szene. Sie konnte sein zorniges Gesicht deutlich vor sich sehen – und jetzt beschimpfte er sie, bevor er mit aller Macht zuschlug.

Sie riß sich aus ihrem Tagtraum und schaute wieder in den Spiegel. Das einzige, was sie vor sich sah, war ein verzweifeltes, unglückliches Wesen, dem die Angst ins Gesicht geschrieben stand. Sara drehte unten an der Lippenstifthülle, so daß die rote Spitze immer länger wurde. Dann nahm sie sie wie einen Stift zwischen die Finger und schrieb auf den Spiegel vor ihrem Bett:

»Malcolm, du Scheißkerl, ich hasse dich.«

An diesem Abend überlegte Sara es sich anders und ging nicht zu Bett, denn es war noch ziemlich früh. Diesmal sollte er nicht das Vergnügen haben festzustellen, daß sie gehorsam in ihrem Bett auf seine Rückkehr wartete, wie es in der Vergangenheit schon zu oft passiert war.

Heute würde sie ihm eine Überraschung bereiten. Sara machte sich vor demselben Spiegel, auf den sie gerade ihre Botschaft geschrieben hatte, zurecht und verließ das Haus.

Heute abend würde sie selbst etwas trinken, denn sie hatte genug mitgemacht. Warum sollte zur Abwechslung nicht einmal sie etwas Spaß haben? Doch im Grunde gefiel es Sara nicht, sich in Kneipen herumzudrücken. Bereits nach einer Stunde kehrte sie in ihr ordentliches Heim zurück, aber ihr Mann war noch immer nicht da. Enttäuschung machte sich in ihr breit, denn sie hatte gehofft, daß er vorher zurückkehren und über die Konsequenzen seiner Taten nachdenken würde.

Doch offenbar war es dafür zu spät, ihm schien alles egal zu sein. Als sie unten in dem kleinen Wohnzimmer saß, hörte sie, wie er mit dem Schlüssel an der Haustür kratzte. Sie mußte ihn nicht einmal vor sich sehen, um zu wissen, daß er betrunken war. Wahrscheinlich so betrunken, daß er das Schlüsselloch nicht beim ersten, zweiten oder gar dritten Versuch traf.

Er mußte es bestimmt zehnmal probieren, bevor der Schlüssel sich drehte, und der volltrunkene Mann durch den Flur stolperte. Einen Augenblick lang stand er da und starrte sie an. Ob er wenigstens Schuldgefühle hatte oder ein wenig Scham empfand?

Doch Malcolm Thornton waren derartige Gefühle fremd. Er verspürte nur Haß auf seine Frau, denn sie schien ihn auszulachen und sich über ihn lustig zu machen, damit er Schuldgefühle bekommen solle.

»Was ist denn mit dir los?« lallte er.

Im Grunde war es ihm egal, aber es gefiel ihm nicht, wenn man ihm Schuldgefühle einredete. Er würde schon eine Möglichkeit finden, sich an ihr zu rächen.

»Geh doch ins Bett, Malcolm.«

Sara hatte es aufgegeben. Die Botschaft, die sie oben auf den Spiegel geschrieben hatte, sagte alles. Er sollte wissen, wieviel Haß sie ihm gegenüber empfand, denn er hatte ihr das Leben zur Qual gemacht und ihre Zukunft zerstört. Was konnte er noch anrichten? Jetzt lag er zusammengesackt auf dem Sofa. Ein betrunkener Riese, den der Alkohol, den er brauchte wie das tägliche Brot, wieder einmal gefällt hatte. Wie immer wollte Malcolm Thornton der Wirklichkeit entfliehen, und bald würde es eine Flucht für immer sein.

»Also, ich gehe jetzt ins Bett.«

Sara wußte eigentlich gar nicht, warum sie das noch extra erwähnte. Ihr Mann lag noch immer auf dem Sofa und murmelte obszöne Beschimpfungen vor sich hin, aber seine Lippen konnten mit seinen Absichten kaum mithalten, so daß er nur noch lallte und sich wie ein Schauspieler in einem schlecht synchronisierten ausländischen Film anhörte. Sein Geist steckte voller böser Gedanken, aber er hatte ungeheure Schwierigkeiten, sich verständlich zu machen.

Dann hörte sie die unmißverständlichen Worte, eine Äußerung, die für sie unverzeihlich war, die Drohung, die sie zum Handeln veranlaßte. Was er da sagte, war so unerhört, daß sie endgültig von seiner Schlechtigkeit überzeugt war.

»Sieh zu, daß deine Tochter mir nicht in die Quere kommt, sonst bring' ich sie um.«

Sie hatte sich nicht verhört, denn er hatte eine lange und deutliche Pause gemacht, bevor er dies sagte. Zweifellos wollte er sichergehen, daß er nicht wie zuvor lallte, damit seine Frau diese Botschaft auf jeden Fall deutlich verstand.

»Sieh zu, daß deine Tochter mir nicht in die Quere kommt, sonst bring' ich sie um.«

Schweigend saß Sara da und nahm seine Worte langsam

auf. Zuerst konnte sie überhaupt nicht begreifen, was er da gesagt hatte. Was hatte ihre zehnjährige Tochter mit ihren Problemen zu tun? Warum zog er Louise damit hinein?

Als ihr langsam dämmerte, was die Worte bedeuteten, konnte sie sich kaum zurückhalten. Sie ballte beide Fäuste und mußte sich beherrschen, damit sich ihre Fingernägel nicht zu tief in ihre Handflächen gruben.

Wie kann er es wagen, meine Tochter zu bedrohen? Sie ist doch der einzige Sinn meines Lebens, mein einziges Glück, meine einzige Freude.

Jetzt erkannte sie zum erstenmal, was für ein brutaler Mensch er im Grunde war. Früher hatte er nie versucht, Louise mit hineinzuziehen, wenn er trank und seine Frau mißhandelte, aber jetzt hatte er diese letzte Grenze überschritten – und ihr damit den Krieg erklärt. Jetzt ging es um ihr Fleisch und Blut – das Leben von Louise war in Gefahr, und zwar durch den einzigen anderen Menschen, der zusammen mit ihnen in diesem kleinen Haus lebte. Malcolm Thornton hatte durch seine Bemerkung im Grunde sein eigenes Schicksal besiegelt.

»Du verdammte Hure.«

Saras betrunkener Ehemann nahm einen zweiten Anlauf. Die Schimpftirade, die jetzt folgte, war viel deutlicher als seine vorherigen Worte. Als er seine Drohung gegenüber Louise ausgesprochen hatte, war der Schock und Schrecken von Saras Gesicht abzulesen gewesen. Jetzt ging er mit einem Hagel an Obszönitäten, die sie erschaudern ließen, aufs Ganze.

Sara nahm seine Beschimpfungen aber gar nicht richtig wahr. All ihre Gedanken kreisten nur um einen Menschen – um ihren Liebling, ihre kleine Tochter, die nur ein paar Meter weit entfernt schlief. Was, wenn er es wirklich ernst meinte und ihr tatsächlich etwas antun wollte? Wie konnte sie weiter unter demselben Dach leben, solange diese Bedrohung über ihnen hing? Er hatte gesagt, daß er ihren kleinen Liebling umbringen wollte – aber das würde Sara nicht riskieren. Sie mußte etwas unternehmen.

»Du Hure! Du verdammte Hure!«

Saras Schweigen schien Malcolm Thornton zu noch gemeineren Ausdrücken anzuregen. Jetzt schrie er sie aus vollem Hals an, aber sie hörte nur immer wieder dieselben Worte: »Sieh zu, daß deine Tochter mir nicht in die Quere kommt, sonst bring' ich sie um.« Dieses Untier würde ihr geliebtes, kleines Mädchen abschlachten. Irgendwann, wenn sie einmal nicht zu Hause war, würde er sich an Louise heranmachen und sie umbringen, nur deshalb, um seiner Frau eins auszuwischen. Louise würde das unschuldige Opfer von Saras Haß auf ihren Mann sein.

Der Gedanke, daß sie die Verantwortung trug, war Sara unerträglich, und sie erkannte, daß sie handeln mußte – und zwar schnell!

Wortlos stand sie auf und ging in die Küche, während der betrunkene Riese weiter Obszönitäten lallte. Offenbar hatte er gar nicht gemerkt, daß sie das Zimmer verlassen hatte. Ihm war jetzt alles egal – er wollte nur noch ihr und Louise wehtun.

In der Küche öffnete sie eine Schublade und fand das, was sie suchte. Es war eines ihrer besten Steakmesser, denn Malcolm wollte immer nur das Beste, und jetzt würde er es bekommen. Zuerst sorgte Sara dafür, daß das Messer seine Aufgabe richtig erfüllen konnte. Sie holte den Wetzstahl hervor und begann fast liebevoll, das Messer an dem rauhen Metall zu schärfen. Ab und zu glitt sie leicht mit dem Daumen über die Klinge, um zu überprüfen, ob sie scharf genug war. Im Wohnzimmer schrie Malcolm noch immer, aber Sara war es egal, denn sie würde sein Geschrei nicht mehr sehr viel länger ertragen müssen.

Ein letzte Mal schaute sie auf ihn herab und starrte voller Verachtung auf seinen aufgedunsenen Bierbauch. Er hatte es gewagt, das Leben ihrer Tochter zu bedrohen, und jetzt würde er dafür bezahlen.

Aber wollte sie ihn wirklich töten? Wollte sie tatsächlich das Leben eines anderen Menschen auslöschen? Auf diese Frage wußte Sara Thornton selbst keine Antwort. Sie stand mit dem geschärften Messer in der Hand da und wartete.

Vielleicht würde er es ihr aus der Hand reißen? Zumindest würde er doch sicherlich versuchen, sich zu wehren!

Möglicherweise hoffte sie einen kurzen Augenblick lang, daß er ihr Einhalt gebieten konnte, denn schließlich fällt es niemandem leicht, einen anderen Menschen umzubringen, weil es dazu einer Menge Mut, Furcht und Haß bedarf.

Doch dann konnte sie keinen Augenblick länger warten: Sie stieß das Messer in seinen weichen, vorgewölbten Bauch und bohrte es so tief wie möglich hinein.

Plötzlich geriet sie in Ekstase. Immer wieder stieß sie zu – jetzt konnte sie nichts mehr aufhalten. Die Tat war vollbracht, und die kleine Louise konnte wieder in Sicherheit leben. Er würde ihr nicht mehr in die Quere kommen und ihr ein Leid antun.

»Ich habe gerade meinen Mann umgebracht. Ich habe ihm ein zwölf Zentimeter langes Messer in den Bauch gestoßen.«

Es war eine ganze sachliche Aussage, der keinerlei Gefühlserregung anzumerken war. Saras Stimme klang nur ein wenig resigniert.

Sie wartete erst gar nicht, bis der Notarzt eintraf, bevor sie ihr Geständnis ablegte. Sie sagte es einfach dem Telefonisten, nachdem sie die 999 gewählt hatte – schließlich hatte sie nichts zu verbergen und fühlte keine Scham. Irgendwie war sie sogar erleichtert, weil sie sich von der schrecklichen Last befreit hatte, mit einem sie schikanierenden, brutalen Kerl, der jede Sekunde ihres Lebens zur Qual gemacht hatte, leben zu müssen.

Dennoch hatte sie das Gefühl, daß sie einen weiteren Beweis brauchte, und deshalb ging sie an den Schrank, um die Kamera hervorzuholen, mit der sie den Todeskampf ihres Mannes festhalten wollte. Sie brauchte eine Aufzeichnung der letzten Atemzüge dieser Bestie, eine Aufnahme von dem Schrecken, den sie ihm zugefügt hatte, nachdem sie monatelang sein Opfer gewesen war.

Sara betrachtete den blutigen Körper ihres vierundvierzigjährigen Mannes durch den Sucher der Kamera und machte das erste Foto.

Klick. Sie zeichnete seinen Tod auf.

Klick. Sie beobachtete, wie er verblutete.

Klick. Sie sah, daß er genau das bekommen hatte, was er verdiente.

Als die Sanitäter eintrafen, waren sie verblüfft, daß sie Sara fotografierend vorfanden, aber das war ihr völlig egal. Sie hoffte nur, daß der Richter all den Schmerz und das Leid verstehen würde, das ihr Mann ihr zugefügt hatte.

Über zwei Jahre später erfuhr Sara dann im Bullwood-Gefängnis, daß es für eine Frau, die ihren Mann umbringt, kein Mitleid gibt.

Es war der 10. August 1991, und die vierunddreißigjährige Sara war durch den Hungerstreik schon sehr gebrechlich und schwach, aber sie hatte sich geschworen weiterzumachen, bis der Innenminister versprechen würde, ihren Fall nochmals aufzurollen.

»Ich habe nicht den Wunsch zu sterben, denn dafür liebe ich das Leben zu sehr. Aber ich kann mein Urteil nicht einfach so hinnehmen, ohne etwas dagegen zu unternehmen. Mein Leben ist das einzige, wofür ich noch kämpfen kann.«

Bei ihrer Verhandlung vor dem Gericht von Birmingham war sich der Richter des Schmerzes und des Leids, das sie hatte ertragen müssen, nicht bewußt gewesen. Als Richter Igor Judge sie zu einer lebenslangen Haftstrafe verurteilte, sagte er: »Sie sind des Mordes für schuldig befunden worden, und das Gesetz sieht nur eine Strafe für Mord vor: lebenslängliche Haft.«

Im Juli 1991 war ihr Versuch, gegen das Urteil Revision einzulegen, fehlgeschlagen, und der Hungerstreik war Saras letzte Möglichkeit.

Während ihre Anhänger draußen vor dem Gefängnis mit Plakaten demonstrierten und eine Wiederaufnahme des Verfahrens forderten, weigerte sich Sara zwanzig Tage lang hartnäckig, irgend welche Nahrung zu sich zu nehmen. Sie entschloß sich erst zur Aufgabe des Hungerstreiks, als sie mit ihre Tochter Louise, die zu Saras Schwester nach Amerika gezogen war, nachdem ihre Mutter ihre Strafe angetreten hatte, zusammengebracht wurde.

»Meine Tochter und ich haben eine tiefe und einzigartige Beziehung. Wenn ich sterbe, hat sie keine Mutter mehr.«

Der britische Innenminister hat sich trotz mehrerer Anträge bisher geweigert, den Fall nochmals aufzurollen, aber die Kampagne zur Befreiung von Sara wird fortgesetzt.

Danksagung

Viele Menschen waren mir beim Schreiben dieses Buchs behilflich.

In Großbritannien konnte ich mit einer großen Zahl von Polizeibeamten und Bewährungshelfern sprechen und sogar Barbara Miller, die ihre Rivalin umgebracht hat, befragen. Ihre Geschichte wird in »Der Galgen im Gewächshaus« erzählt.

Die Hilfe von Graeme Gourlay, Suzy Davies, Pete Pickton und Sue Carroll (alle aus Großbritannien) war ebenfalls von unschätzbarem Wert.

In Amerika habe ich das Dwight-Frauengefängnis in der Nähe von Chicago besucht und mit dem zweiten Ehemann von Judy Benkowski, die wegen Mordes verurteilt wurde, ein Interview geführt.

In Addison, Illinois, widmete mir der Kriminalbeamte Tom Gorniak freundlicherweise seine Zeit und Geduld und stellte bisher noch nie veröffentlichte Fotos eines Mordopfers zur Verfügung.

In Los Angeles verhalf mir der Kriminalbeamte Mike Lee zu einzigartigen Einsichten in die beunruhigenden Morde in einem Einkaufszentrum.

In Milwaukee half mir Privatdetektiv Ira Robins bei meinen Nachforschungen im Brembenek-Fall.

In Deutschland erhielt ich im Fall der Krankenschwestern aus Wien bemerkenswerte Unterstützung von dem Fernsehjournalisten Tewe Pannier.

Schließlich möchte ich besonders Mark Sandleson für seine Geduld danken. Hätte ich nicht sein friedliches, ruhiges Büro nutzen können, wäre diese Buch möglicherweise nie geschrieben worden.

Wahre
Verbrechen

Unglaubliche Geschichten, kaum faßbare Grausamkeit –
Dokumentationen authentischer Kriminalfälle, die spannen-
der und schockierender sind als jeder Thriller.

Kelly Moore &
Dan Reed
Tödliche Fürsorge
*Die unglaubliche Ge-
schichte einer Kranken-
schwester, die viele ihr
anvertraute Kinder
umbrachte*
01/8552

Daniel Keyes
**Die Leben des
Billy Milligan**
*Die komplizierte,
schockierende und
wahre Lebensgeschichte
eines Mannes, in dessen
Gehirn 24 Persönlich-
keiten nebeneinander-
leben – eine davon ist
ein Verbrecher*
01/8553

Suzanne Finstad
**Mit dem Teufel
im Bett**
*Die Geschichte einer
Frau, die den Mann,
der sie mißhandelte
und zu töten versuchte,
abgöttisch liebte*
01/8554

Wensley Clarkson
**Wenn Frauen
morden**
*Zehn spektakuläre
Mordfälle, die von
Frauen begangen
wurden* 01/8555

Don Davis
Jeffrey Dahmer
*Der Schlächter, der
junge Männer auf be-
stialische Weise tötete*
01/8556

Fred Breinersdorfer
Der Hammermörder
*Das Psychogramm
eines Mörders, der die
deutsche Polizei über
ein Jahr lang beschäf-
tigte*
01/8557

Paul Mones
Wenn Kinder töten
*Acht erschütternde
Fallgeschichten von
mißbrauchten Kindern*
01/8558

Joel Kaplan u. a.
**Eine Frau dreht
durch**
*Der mörderische Amok-
lauf einer reichen
jungen Frau*
01/8559

Wilhelm Heyne Verlag
München